beck'sche reihe

W0473388

bsr

Der Autor lädt ein zu Spaziergängen durch die verschiedenartigen Paradieslandschaften, welche die Menschen im Verlauf der abendländischen Kultur- und Geistesgeschichte bezaubert haben. Der erste Rundgang beginnt mit dem Goldenen Zeitalter und führt dann in den Garten Eden. Auf einem anderen Rundgang lernt der Leser die Regionen der zukünftigen Paradiese kennen. Er steigt aus dem unterweltlichen Totenreich des alten Orients und der europäischen Frühzeit hinauf zu den Wohnorten der Verstorbenen in den himmlischen Sphären. Zuletzt wird er durch Paradiese geführt, die sich die Menschen schon in dieser Welt erhoffen.

Heinrich Krauss, promovierter Jurist, Philosoph und Theologe, arbeitet als Redakteur und Drehbuchautor. Zuletzt war er mit der Verfilmung der Bibel befaßt. Veröffentlichungen bei C. H. Beck: *Was Bilder erzählen* ([5]2003), *Kleines Lexikon der Bibelworte* ([3]1998), *Die Engel* ([2]2000), *Kleines Lexikon der Engel* ([2]2002).

Heinrich Krauss

Das Paradies

Eine kleine Kulturgeschichte

Verlag C. H. Beck

Originalausgabe
ISBN 3 406 51072 8

© Verlag C. H. Beck oHG, München 2004
Umschlagentwurf: + malsy, Bremen
Umschlagabbildung: Sündenfall aus der Vorauer Volksbibel
von 1467, Chorherrenstift Vorau
Gesamtherstellung: Druckerei C. H. Beck, Nördlingen
Printed in Germany

www.beck.de

Inhalt

Einladung an den Leser

Das Wort Paradies ist heute weitgehend zur bloßen Metapher geworden. Man spricht ganz ungeniert von «Einkaufsparadiesen» oder «Steuerparadiesen», und kaum jemand fragt sich noch, was die nach dem biblischen Garten «Eden» benannten Hotels mit ihrem Namen eigentlich versprechen wollen. Auch denkt man sich nicht viel dabei, wenn die Tourismusindustrie mit Bildern von jugendlich schönen Menschen an palmengesäumten Stränden unter einem ewig blauen Himmel für ihre «Ferienparadiese» wirbt. Allenfalls verrät noch die Rede vom «Paradies der Kindheit» oder von einem «paradiesischen Frieden» etwas von der offenbar tief im Menschen verankerten Nostalgie nach einem verlorenen Ort des Glücks und von seiner Sehnsucht nach der Wiederkehr eines unbeschwerten Lebens in Harmonie mit der Natur.

Meist provoziert jedoch die Rede vom biblischen Garten Eden und dem jenseitigen Paradies eher Assoziationen von Langeweile. Der moderne Mensch fragt ironisch, was wohl Adam und Eva in ihrem Garten Eden die ganze Zeit getan hätten, wären sie nicht durch den Zwischenfall mit dem fatalen Apfel ins wirkliche Leben hinausgetrieben worden. Auch die Vorstellung von einem Himmel, in dem eine Ewigkeit lang Halleluja gesungen wird, erscheint wenig attraktiv. Darüber kann auch die Faszination nicht hinwegtäuschen, die noch immer von manchen mittelalterlichen Gemälden oder illuminierten Buchmalereien ausgeht. Der Betrachter mag sich zwar an der naiven Darstellungsweise der Erschaffung der Frau aus dem Leib Adams oder des Menschenpaares unter dem Baum mit der Schlange erfreuen und die großartigen Bildkompositionen des Jüngsten Gerichts mit dem Einzug der Seligen in die himmlischen Gärten bestaunen. Ihm bleibt jedoch der Reichtum an Sinngehalten weitgehend verschlossen, den die Menschen früherer Zeiten darin entdecken konnten.

Der vorliegende Band lädt zu einem Spaziergang durch die verschiedenartigen Paradieslandschaften ein, wie sie in den Mythen vom Goldenen Zeitalter und von den Inseln der Seligen, in der biblischen Erzählung vom Garten Eden, in den Aussagen des Christentums über seine Jenseitshoffnung oder auch im Koran beschrieben sind. Ein erster Rundgang führt den Leser zu den Orten des Glücks in den Anfängen der Menschheit, ein zweiter zeigt ihm die Wohnstätten der Seelen der Gerechten nach ihrem Tode, aber auch die Szenarien, die man in bezug auf die endgültige Erneuerung der Menschheit und der Welt am Ende der Zeiten entworfen hat.

Wegen ihrer Bedeutung für die abendländische Kultur- und Geistesgeschichte erfährt die biblische Paradieserzählung eine besonders eingehende Kommentierung. Wenn darüber hinaus auch jene Vorstellungen einen großen Raum einnehmen, die von den christlichen Theologen, Dichtern und Künstlern entwickelt wurden, so ist dies nicht verwunderlich, da sich kaum eine andere Religion – abgesehen vom Islam – so detailliert und mannigfaltig mit dem Stoff beschäftigt hat.

Das weite Feld des Jenseitsglaubens konnte allerdings nur so weit behandelt werden, als es für das eigentliche Thema «Paradies» unumgänglich war. Wer mehr über die Thematik von Hölle und Fegefeuer wissen will, kann die Untersuchung von Jacques Le Goff *La Naissance du Purgatoire* (deutsch: *Die Geburt des Fegfeuers.* Stuttgart 1984) oder die kürzlich im Beck-Verlag erschienene Studie *Himmel und Hölle. Jenseitsglaube von der Antike bis heute* (Reihe «C. H. Beck Wissen») von Bernhard Lang heranziehen.

Natürlich ist beim Thema Paradies nur eine Wiedergabe dessen möglich, was sich darüber in den Überlieferungen der Völker und Religionen findet. Der Garten Eden ist für immer verschwunden und keinem Geographen, Anthropologen oder Botaniker mehr zugänglich. Die Nachrichten über die jenseitigen Gefilde der Seligen sind vage und widersprüchlich, da noch kein Sterblicher von dort zurückgekehrt ist, um über ihre genauere Topographie Auskunft zu geben. Wer aber deshalb glaubt, daß über das Paradies nicht viel zu berichten wäre, unterschätzt die Zahl der Werke, die sogar noch in neuerer Zeit zu dem Thema erschienen sind. Zu nennen ist hier vor allem das dreibändige Werk des französischen Historikers Jean Delumeau *Une Histoire du Paradis.* In ihm hat der durch seine Untersuchungen über die religiöse Mentalität im Europa des späten Mittelalters und der frühen Neuzeit bekannt gewordene Forscher auf weit über tausend Seiten alles zusammengetragen, was je über das ursprüngliche und das künftige Paradies gesagt worden ist.

Wie das Inhaltsverzeichnis zeigt, behandelt der vorliegende Band zumindest ansatzweise die verschiedenen, mit der Rede vom Paradies verbundenen Aspekte. Die Ausführlichkeit, mit der auf die einzelnen Themen eingegangen werden konnte, war allerdings begrenzt durch die Vorgabe des Verlags, der einen allgemein verständlichen und informativen Essay wünschte, dessen Umfang auf die Aufnahmebereitschaft und die Geduld eines interessierten Lesers Rücksicht nimmt.

Ein Wort des Dankes geht an Lothar Lies SJ, Professor an der Theologischen Fakultät der Universität Innsbruck, für die Durchsicht des ersten Entwurfes und für die Anregungen, die sich daraus ergaben, sowie an Frau Dr. Karin Beth, die den Anstoß zur Behandlung des Stoffes gab, und an ihre Nachfolgerin im Verlag, Frau Dr. Alexandra Schumacher, die die Fertigstellung des Manuskripts mit Rat und Tat begleitete.

Das ursprüngliche Paradies

Bis in die neueste Zeit war man überzeugt, daß die Menschheit in ihren Anfängen ein glückliches und unbeschwertes Dasein führte, ein Zustand, der jedoch leider verlorenging. Davon zeugen die Mythen vieler Völker ebenso wie die biblische Erzählung vom ersten Menschenpaar im paradiesischen Garten Eden, die in unserer Zivilisation einen besonderen Platz einnimmt.

Die Überlieferungen vom Goldenen Zeitalter

Die Bibel steht mit ihrer Rede vom Paradies nicht allein. Eines der ältesten Zeugnisse für den Glauben an ein Zeitalter, in dem Glück und Überfluß herrschten und in dem die Menschen ohne Angst vor wilden Tieren und im Einklang mit der Gottheit lebten, ist der sumerische Mythos vom glücklichen Lande Dilmun: *«Einst war eine Zeit, in der es keine Schlange gab, es gab keinen Skorpion, es gab keine Hyäne, es gab keinen Löwen, es gab keinen wilden Hund, keinen Wolf. Es gab keine Angst, keinen Schrecken: Der Mensch hatte keinen Rivalen... Die ganze Welt, alle Völker vereint, verehrten* [den obersten Gott] *Enlil in einer einzigen Sprache (*oder: *mit einem einzigen Herzen).»* Wie in der Paradieserzählung der Bibel wird auch das Thema des Wassers, im Orient stets mit der Schilderung eines glücklichen Lebens verbunden, ausdrücklich angesprochen. Der Mythos erzählt nämlich, der Gott Enki, der die Menschen erschuf, hätte die Bewässerung des Landes vergessen; doch habe der Sonnengott Uru die «Zerstreutheit» Enkis repariert und durch das Geschenk des Wassers das Land Dilmun, das man gemeinhin mit der Insel Bahrein identifiziert, zu einem Paradies gemacht.

Auch der Held des babylonischen Gilgamesch-Epos erreicht auf seiner Suche nach Unsterblichkeit durch einen dunklen unterirdischen Gang von zwölf doppelten Wegstunden Länge einen Garten, der der Göttin der Weisheit gehört und in dem herrliche Bäume stehen, die Juwelen, Karneol- und Lasursteine (Lapislazuli) tragen. Ebenso gibt es im alten Iran Sagen über einen Garten, der auf einem hohen Berge liegt und der Jima gehört, dem Herrscher in einem Goldenen Zeitalter. Dort wachsen magische Bäume, vor allem der Lebensbaum, und von dort fließt reichlich Wasser, das der ganzen Erde Fruchtbarkeit bringt.

Der Beitrag der Griechen und Römer

Bestimmend in unserem Kulturkreis wurden die griechisch-römischen Überlieferungen. Sie wußten vom einem einstigen Überfluß der Natur zu berichten, den sie mit Wohlgerüchen, mit einem ständig frühlingshaften Klima, mit dem Fehlen von Leid und mit dem Frieden zwischen Mensch und Tier verbanden. Der griechische Dichter Hesiod (um

1. Lucas Cranach d. Ä., *Das Goldene Zeitalter,* um 1530

700 v. Chr.) beschreibt ein Goldenes Zeitalter der Menschheit unter der milden Herrschaft des später von Zeus entthronten Gottes Kronos, in Rom mit Saturn identifiziert: «*Die Menschen lebten wie die Götter, ohne Sorgen, fern von Mühen und Leid: Kein elendes Altern war ihnen auferlegt; vielmehr erfreuten sie sich mit immer jungen Armen und Knien an den Festen, fern von allen Übeln. Beim Tod schienen sie in Schlaf zu sinken. Alle Güter gehörten ihnen: Der fruchtbare Boden produzierte von selbst eine reiche Ernte, und die Menschen lebten von ihren Feldern inmitten unzähliger Güter*» (Werke und Tage 111–121).

Auch Plato (427–348/347 v. Chr.) erwähnt in seiner *Politeia* die glückliche Periode der Herrschaft des Kronos: «*Unter seinem Regiment gab es keine Verfassung* [d. h. keine Obrigkeiten und Gesetze] ... *Die Menschen besaßen reichlich die Früchte der Bäume und einer üppigen Vegetation und ernteten sie ohne Anbau von einer Erde, die sie selbst anbot. Ohne Gewand, ohne Bett lebten sie meist in freier Luft, denn die Jahreszeiten waren so gemäßigt, daß sie darunter nicht zu leiden hatten, und ihre Lager waren weich im Gras, das in Fülle aus der Erde sproß*».

Ähnlich schildert Ovid (43 vor – 17/18 nach Chr.) in seinen *Metamorphosen*, einer Sammlung von «Verwandlungsgeschichten» aus alten Mythen und Sagen, das glückliche Leben in den Anfängen der Menschheit: «*Die erste, die goldene Zeit*» war noch «*ohne Gesetz, von selber bewahrte man Treue und Anstand*»; man kannte weder Schifffahrt noch befestigte Städte, «*des Soldaten bedurften die Völker nicht: sie lebten dahin sorglos in behaglicher Ruhe*»; die Erde, «*unverwundet vom Pflug, gewährte jegliche Gabe, und die Menschen, zufrieden mit zwanglos gewachsenen Speisen, sammelten Früchte ...*», während «*ewiger Frühling herrschte; mit lauem und freundlichem Wehen fächelten Zephirlüfte die Blumen, die niemand gesät hatte. Ja, bald brachte die Erde, von niemand bepflügt, das Getreide hervor ...*» (Met. I, 8/9–112).

Diese enthusiastischen Schilderungen der Griechen und Römer von einem ewigen Frühling und einem sorglosen und angstfreien Leben inmitten einer blühenden Natur voll aromatischer Düfte werden im Christentum mit den Vorstellungen verschmelzen, die man sich vom biblischen Garten Eden machte. Schon in der Antike waren die christlichen Schriftsteller überzeugt, die Sagen vom Goldenen Zeitalter seien aus den von Moses, dem Ursprung aller Weisheit und Wissens, verfaßten biblischen Büchern in die heidnische Mythologie gelangt. Man stütze sich dafür beispielsweise auf die Ähnlichkeit der Beschreibung beim Garten der Phäaken in Homers Odyssee: «*Große Bäume stehen darin in üppigem Wachstum, Apfelbäume mit glänzenden Früchten, Granaten und Birnen und auch süße Feigen und frische grüne Oliven. Denen verdirbt nie die Frucht, noch fehlt sie winters und sommers ...*» (VII, 114 ff.). Auch Dante vermutet am Ende seiner Beschreibung des irdischen Paradieses, die antiken Dichter, welche das Goldene Zeitalter besangen, hätten an diesen Ort gedacht (Purg. XXVIII). Und noch Sir Walter Raleigh (um 1550–1618) meint im 1. Band seiner *History of the World*, einer im 17. Jahrhundert vielgelesenen poetischen Geschichtsschau, das Wissen der antiken Autoren über den Garten der Phäakeninsel oder das Elysium könne nur aus der Beschreibung des Gartens Eden durch Moses stammen.

Vom Goldenen zum Eisernen Zeitalter

Angesichts der gegenwärtigen prekären Lage des Menschengeschlechts stellte sich natürlich die Frage, warum das Goldene Zeitalter zu Ende ging. In den Mythen wurde meist die Gottheit dafür verantwortlich gemacht; so beispielsweise in den Dichtungen des Griechen Hesiod (um 700 v. Chr.), der, wie man vermutet, auch von Erzählungen aus dem Vorderen Orient beeinflußt wurde. Nach ihm war das Leiden der Menschen ein Akt der Vergeltung des Zeus an dem Titanensohn Prometheus, der die Menschen geformt hatte. In einem Disput über die Frage, welche Anteile an den geopferten Tieren den Menschen und den Göttern jeweils zukämen, hatte nämlich Prometheus Zeus vor die Wahl zwischen den Knochen und den Fleischteilen der Opfertiere gestellt und ihn dabei zu betrügen versucht, indem er das gute Fleisch in eine hässliche Rindshaut legte, so daß Zeus die schöner aussehenden Knochen wählte und die schönen Fleischstücke den Menschen für ihre Opfermahlzeiten verblieben. Der Gott rächte sich aber an Prometheus, indem er dessen Schützlingen «zum Ausgleich des Vorteils», den sie durch den Betrug erlangt hatten, eine wunderbar schöne Frau sandte, «unwiderstehlich den Menschen». Als Urmutter aller Frauen, «die sich einig sind in jeder Bosheit», wurde sie zum «schönen Übel» für die Männer, die für ihre Frauen den ganzen Tag auf dem Feld schuften müssen (Theogonie 535–602).

In einem anderen Werk beschreibt Hesiod die «Anfertigung» der Frau, die er Pandora nennt. Er erzählt, wie sie von allen Göttern und Göttinnen mit verführerischem Aussehen und Schmuck und zugleich mit Sprache und Arglist ausgestattet wurde und von Zeus ein Geschenk mit auf den Weg erhielt: ein verschlossenes Faß, das alle Übel und Krankheiten enthielt, wohl ein Tongefäß, das erst seit der Renaissance auch als «Büchse» bezeichnet wird. Als Pandora auf die Erde kam, nahm Epimetheus, der «Nachherdenker», sie voll Begeisterung zur Frau, obwohl ihn sein Bruder Prometheus, der «Vorausdenker», gewarnt hatte, von Zeus ein Geschenk anzunehmen. Tatsächlich öffnete Pandora (aus Neugier) das Gefäß, und heraus kamen alle Leiden, welche sogleich die Menschen befielen. Nur die Hoffnung blieb zurück, weil Pandora den Deckel sogleich wieder schloß (Werke und Tage 60–105).

In manchen Mythen ist es hingegen ganz einfach eine Art von Abnutzung, personifiziert in der zyklisch gedachten «Zeit», welche den glücklichen Urzustand der Menschen zum Schlimmeren wendet, bevor sie den ursprünglichen Zustand wieder heraufführt. Ein Beispiel dafür ist Hesiods Lehre von den fünf Zeitaltern, die er gleich anschließend an die Pandora-Sage entwickelt. Ausgehend vom Goldenen Zeitalter verschlechtern sich die Lebensbedingungen für die Menschen immer mehr, bis hin zum gegenwärtigen Zeitalter, in dem die Menschen hart arbeiten und die Natur nur durch technisches Wissen und Können bezähmen können (Werke und Tage 110–200).

Auch Ovid kennt das Motiv der Abfolge verschiedener Zeitalter. Während der Grieche Hesiod voll Stolz den homerischen Helden ein eigenes Zeitalter zuteilte, um sie – in einer Sonderbehandlung, auf die noch zurückzukommen sein wird – nach ihrem Tod auf die «Inseln der Seligen» versetzen zu können, hält der Römer Ovid an der vermutlich klassischen Vierzahl fest. Er läßt auf seine bereits zitierte Beschreibung des Goldenen Zeitalters im 1. Buch der Metamorphosen weitere Zeitalter folgen (113–150), ohne dafür einen anderen Grund anzugeben als den Willen Jupiters, der seinen Vater Kronos/Saturn entthront hatte: «*Aber nachdem man Saturn in des Tartarus Dunkel geworfen, und die Welt unter Jupiter stand, erschien ein Geschlecht von Silber … Jupiter kürzte den einstigen Frühling: durch Winter und heiße Sommer, durch wetterwendische Herbste und einen gar kurzen Frühling ließ er das Jahr in vier Perioden verlaufen … Jetzt erst suchte man Obdach: die Häuser bestanden aus Höhlen, auch aus dichtem Gesträuch und aus Ruten, von Rinde umkleidet; jetzt erst warf man die Samen der Ceres in längliche Furchen, und es stöhnten die Stiere, die jungen, vom Joche geknechtet.*» An Stelle des ewigen Frühlings gab es also im Silbernen Zeitalter bereits Jahreszeiten, auch unangenehme, so daß sich die Menschen dagegen durch armselige Behausungen schützen mußten. Zudem war die Ernte nur möglich durch vorausgehende Saat, wobei die Tiere dafür unter das Joch des Pfluges gezwungen wurden. Auf ein drittes, ehernes Zeitalter, für das ein «*ehern Geschlecht, grimmiger schon im Gemüt, zu den schaurigen Waffen bereiter, aber noch ohne Verbrechen*» typisch war, folgte dann die gegenwärtige Menschheit: «*das letzte Geschlecht von hartem Eisen*», das der Dichter folgendermaßen charakterisiert: «*Da brachen sogleich in die Zeit des geringeren Metalles jegliche Frevel; es flohen die Scham, die Wahrheit, die Treue. Dafür erwuchsen die Laster: Betrug und allerlei Ränke, Hinterlist und Gewalt und die frevle Begier nach Besitztum.*» Die Menschen, so heißt es weiter, begannen von da an, zur See zu fahren und die Erde nicht nur für die Ernte zu bearbeiten, sondern auch in ihren Tiefen nach Erz zu suchen, sogar nach «Gold, schlimmer als Eisen», was zu Raub und Krieg und zu heillosem Mißtrauen unter den Menschen führte.

Die Paradieserzählung der Bibel

Die Erzählung findet sich im 2. und 3. Kapitel des Buches Genesis (1. Buch Mose). Der Text erhielt seine Endfassung wohl um 400 v. Chr., geht jedoch in seinen Ursprüngen möglicherweise auf die Zeit zwischen dem 9. und 7. Jahrhundert v. Chr. zurück. Er beruht auf Überlieferungen, die nach allem, was wir heute wissen oder was wir vermuten können, aus dem Umkreis der Schreiberschulen am Hof oder am Tempel von Jerusalem stammen, in denen die Priester und die königlichen Beamten ausgebildet wurden. In diesen Zirkeln pflegte man die sogenannte Weisheit, zu der damals neben der Geisteshaltung, die wir heute darunter verstehen, auch alle Arten von mythologischen, geographischen, historischen oder naturwissenschaftlichen Kenntnissen gehörten, wie sie dem Standard der Zeit in den umliegenden Kulturen Ägyptens und Mesopotamiens entsprachen.

Der Garten Eden

Am Anfang der Erzählung steht die Beschreibung einer wüstenartigen Erde (Gen 2,4 b-6), wobei der Hinweis: *«Es gab noch keinen Menschen, der den Ackerboden bestellte»* – in versteckter Form – jene Frage aufwirft, die erst gegen Ende der ganzen Erzählung ihre Antwort finden wird: Wer wird den Ackerboden bestellen?

Nach der Schilderung, wie Gott nach Art eines Töpfers den Menschen aus dem Ackerboden formte (Vers 7), heißt es sogleich: *«Dann legte Gott, der Herr, in Eden, im Osten, einen Garten an und setzte dorthin den Menschen, den er geformt hatte»* (Vers 8). Der Mensch erhält somit überraschenderweise nicht den Auftrag, den Ackerboden zu bebauen, er beginnt vielmehr sein Dasein mit einer lustvollen Tätigkeit und ohne Mühsal und Sorgen. Das Wort *«Garten»* bezeichnet eine Einfriedung, in der durch einen Brunnen oder mittels künstlicher Wasserzufuhr allerlei Nutz- und Zierpflanzen kultiviert werden können. Solche Gärten sind bis heute in den Trockengebieten des Orients wegen ihrer Schatten und Nahrung spendenden Bäume der Inbegriff eines angenehmen und lustvollen Lebens. Diese Assoziation wird auch

2. Lucas Cranach d. Ä., *Die Erschaffung der Welt,* 1534

geweckt durch die Angabe über die Lage des Gartens: *«in Eden»*. Das mag früher einmal ein wirkliches Land bezeichnet haben, erinnert aber im Hebräischen an das Wort für «Wonne» und wird später sogar zum Namen des Gartens. Die angegebene Himmelsrichtung, *«im Osten»*, verweist auf eine unbestimmte Ferne, vielleicht mit der positiven Konnotation: in Richtung der aufgehenden Sonne.

Unsere Bezeichnung des Gartens Eden als «Paradies» kommt von *parádeisos*, womit die griechische Bibelübersetzung im 3./2. Jahrhundert v. Chr. das hebräische Lehnwort *pardes* wiedergegeben hat, das vom persischen Ausdruck *apiri-daeza* oder *pairidaeza* für einen von einer Mauer umgebenen Obstgarten stammt. Auch der griechische Schriftsteller Xenophon (um 430 – nach 355 v. Chr.) verwendete das Wort *parádeisos* für die durch ihre Schönheit berühmten persischen Königsgärten (Anabasis I, 4,10).

Das deutsche Wort «Garten» (althochdeutsch: *garto*, mittelhochdeutsch: *garte*) meint übrigens ebenfalls ein eingefriedetes Grundstück zum Anbau von Pflanzen. Es geht, wie das griechische *chortos* und das lateinische *hortus*, zurück auf die indogermanische Sprachwurzel *ghordo* für Flechtwerk oder Hürde, wie sie zum Zwecke der Umzäunung verwendet werden. Der Garten entsprach dem Bedürfnis nach einer Abgrenzung gegenüber der Wildheit der Wälder, die als bedrohlich empfunden wurde. Denn nur durch die Umzäunung war eine ungestörte Pflege der Natur möglich. Das lateinische *colere*, von dem der Ausdruck «Kultur» abgeleitet ist, meint nicht nur einfach bebauen, sondern auch hegen und pflegen.

Es war offensichtlich ein Privileg, daß der Mensch von Gott in einen «Garten» gesetzt wurde, anstatt sein Dasein mit dem mühsamen Bestellen des Ackers beginnen zu müssen. Einige Verse weiter stellt der Hinweis auf seine Aufgabe im Garten: *«damit er ihn bebaue und hüte»* (Gen 2,15) allerdings klar, daß man sich das Paradies nicht als ein Schlaraffenland vorstellen darf. Der Mensch sollte nicht müßig bleiben, sondern tätig sein. Seine Arbeit war allerdings noch nicht Last und Mühe. Wie der Fortgang der Erzählung zeigt, wird sie dazu erst nach der Vertreibung aus dem Paradies.

Die Bäume

Bevor der Bericht über den Ursprung des Menschen in der Schilderung der Erschaffung der Frau seine Fortsetzung und Vollendung findet, wird mit ganz wenigen Strichen der Garten, in den Gott den Menschen versetzte, beschrieben. Zunächst zeigt der Hinweis auf die Schönheit der Bäume und die Köstlichkeit ihrer Früchte diesen Garten als etwas Besonderes: «*Gott, der Herr, ließ aus dem Ackerboden allerlei Bäume wachsen, verlockend anzusehen und mit köstlichen Früchten, in der Mitte des Gartens aber den Baum des Lebens und den Baum der Erkenntnis von Gut und Böse*» (Gen 2,9).

Es sind offensichtlich keine gewöhnlichen Bäume. Beim «Baum des Lebens» handelt es sich um ein im Alten Orient weit verbreitetes Symbol für die menschliche Sehnsucht nach ewigem Leben. Im Gilgamesch-Epos, das vom Streben seines Helden nach Unsterblichkeit erzählt, ist es eine Pflanze vom Meeresgrund, deren Genuß Verjüngung bewirkt. Als sich der Held auf die Suche nach der Unsterblichkeit macht, gibt ihm Utnapischtim, ein in die Welt der Götter versetzter Sterblicher, Auskunft (XI 264–271): «*Ein Verborgenes, Gilgamesch, will ich dir enthüllen, und ein Unbekanntes will ich dir sagen: Es ist ein Gewächs, dem Stechdorn ähnlich, wie die Rose sticht dich sein Dorn in die Hand. Wenn deine Hände dies Gewächs erlangen, wirst du wieder jung werden.*» Auch bei den Bäumen mit den goldenen Äpfeln der griechischen Sage, die von den auf einer Insel im Westen wohnenden Hesperiden (von gr.: hespera = Abend/Westen) bewacht werden, klingt das Thema Lebensbaum an, da sie ewige Jugend verleihen. Nach einigen griechischen Autoren soll Herakles durch diese Früchte die Unsterblichkeit erlangt haben.

Während die Vorstellung vom Baum des Lebens im Alten Orient weit verbreitet war, findet sich die Rede von einem «Baum der Erkenntnis» allein in der Bibel. Im biblischen Sprachgebrauch ist die Erkenntnis weniger ein bloß intellektuelles, begriffliches Erfassen von Objekten – wie bei den Griechen und in unserem Verständnis –, sondern eher eine Empfindung für das, was dem Menschen zuträglich oder schädlich ist. Es ist die Fähigkeit zu unterscheiden und dementsprechend zu handeln. «*Gut und Böse*» ist ein Sammelbegriff – wie im Deutschen «hoch und niedrig» oder «groß und klein» – und umfaßt den ganzen Bereich dessen, was für das Handeln des Menschen bedeutsam ist, also eigentlich alles. Man sollte die Wendung «gut und böse» vielleicht besser durch «gut und schlecht» ersetzen, um eine allzu enge Eingrenzung der hier gemeinten Erkenntnis auf den Bereich des Sittlichen oder Moralischen zu vermeiden.

Der Strom und die vier Flüsse

Da im Orient ein Garten ohne Bewässerung nicht denkbar ist, ist auch die Rede von einem Strom, der zugleich Ursprung der großen Wasserläufe ist, die in den verschiedenen Ländern der Erde Leben und Fruchtbarkeit ermöglichen: «*Ein Strom entspringt in Eden, der den Garten bewässert; dort teilt er sich und wird zu vier Hauptflüssen. Der eine heißt Pischon; er ist es, der das ganze Land Hawila umfließt, wo es Gold gibt. Das Gold jenes Landes ist gut; dort gibt es auch Bdelliumharz und Karneolsteine. Der zweite Strom heißt Gihon; er ist es, der das ganze Land Kusch umfließt. Der dritte Strom heißt Tigris; er ist es, der östlich an Assur vorbeifließt. Der vierte Strom ist der Eufrat*» (Gen 2,10–14).

Die Vierzahl der Flüsse, in die sich der den Garten bewässernde Urstrom nach dem Verlassen des Paradieses aufteilt, entspricht den vier Himmelsrichtungen und damit der Totalität des Erdkreises. Jede Weltgegend hat somit einen lebenspendenden Wasserlauf, der in einer einzigen geheimnisvollen Quelle seinen Ursprung hat. Man kann vermuten, daß der biblische Autor mit der Nennung der Ströme einen Bezug zur Welt, in der er lebte, herstellen wollte. Doch nur der *Tigris* und der *Eufrat* sind lokalisierbar, während die beiden anderen Namen undeutlich bleiben. Mit dem Land *Hawila* (vielleicht von hebr. *hawil* = Sand), das dem *Pischon* zugeordnet ist, ist vermutlich Arabien («Sandland») gemeint, das als Goldland bekannt war. Da jedoch nicht klar ist, welcher dortige Wasserlauf gemeint sein könnte, hat man an den Indus gedacht. Da es vom *Gihon* heißt, er umfließe das Land *Kusch*, damals der Name für Nubien oder Äthiopien, hat man ihn früher gerne mit dem Nil identifiziert, dessen geheimnisvoller Ursprung bis zur Entdeckung seiner Quellen im 19. Jahrhundert die antiken und mittelalterlichen Geographen zu vielerlei Spekulationen angeregt hat.

Die modernen Übersetzungen für die Produkte, die neben dem *Gold* im Zusammenhang mit dem Land Hawila genannt werden, sind Annäherungen, die nur auf Vermutungen beruhen. Beim *Bdellium* könnte es sich um eine durchsichtige, vielleicht aromatische Harzart gehandelt haben, wie sie in Südarabien aus Balsamsträuchern gewonnen wird; beim *Karneolstein* (wörtlich: *schoham*) kann man an die rote Unterart des Minerals Chalcedon (SiO_2) denken, vielleicht auch an den ebenfalls zu dieser Gattung gehörenden grünen Chrysopras («Goldlauch»).

Die erste Frau

Nach der Beschreibung des Paradieses, die mit der Erwähnung des Baums der Erkenntnis zugleich die mit ihm verbundenen dramatischen Ereignisse im nächsten Kapitel vorbereitet, wird vom Erzähler der Faden von der Erschaffung des Menschen wieder aufgenommen und zu Ende gebracht. Das Selbstgespräch Gottes: «*Dann sprach Gott, der Herr: Es ist nicht gut, daß der Mensch allein bleibt. Ich will ihm eine Hilfe machen, die ihm entspricht*»(Gen 2,18), erinnert in seiner Feierlichkeit an die Worte «*Laßt uns Menschen machen ...*» im ersten Schöpfungsbericht (Gen 1,26). Ganz offensichtlich steht jetzt wieder etwas Wichtiges bevor.

Die lapidare Feststellung: «*Es ist nicht gut, daß der Mensch allein bleibt*», offenbar eine Maxime alltäglicher Lebensweisheit, wird konkretisiert durch die Rede von der «*Hilfe*», die Gott dem Menschen beigeben will. Es zeugt von Voreingenommenheit gegenüber dem weiblichen Geschlecht, wenn man in das Wort eine Note von Interiorität hineinliest, bloß weil es die Erschaffung der Frau einleitet. In Wirklichkeit verweist der hebräische Ausdruck, der in den Psalmen manchmal sogar in bezug auf Gott verwendet wird, nicht auf einen untergeordneten Gehilfen, sondern auf einen Helfer, der durch seine Macht überlegen ist. Desgleichen meint das mit «*entsprechen*» übersetzte hebräische Wort soviel wie «Gegenstück» oder «Gegenbild». Es hat die grundlegend soziale Natur des Menschen im Auge, der sich ohne ein gleichgeartetes Gegenüber nicht entwickeln kann. Im ganzen Abschnitt über die Erschaffung der Frau geht es nicht um die Unterstützung des Mannes bei der Arbeit, sondern um ihre echte Partnerschaft mit dem Mann. Nicht einmal ihre Rolle beim Hervorbringen von Nachkommen wird erwähnt.

Vor der Erschaffung der Frau wird jedoch noch die der Tiere geschildert: «*Gott, der Herr, formte aus dem Ackerboden alle Tiere des Feldes und alle Vögel des Himmels und führte sie dem Menschen zu, um zu sehen, wie er sie benennen würde. Und wie der Mensch jedes lebendige Wesen benannte, so sollte es heißen. Der Mensch gab Namen allem Vieh, den Vögeln des Himmels und allen Tieren des Feldes. Aber eine Hilfe, die dem Menschen entsprach, fand er nicht*» (Gen 2,19–20). Offensichtlich dient der Einschub dazu, die Spannung zu erhöhen und die Besonderheit des Geschöpfes, das am Ende für den Menschen tatsächlich zu einer ebenbürtigen Hilfe werden soll, herauszuheben. Demzufolge wird es, um dem Menschen wirklich zu «entsprechen», nicht wie die Tiere aus Erde geformt, sondern aus einem Teil des menschlichen Körpers «gebaut», wie es wörtlich heißt: *«Da ließ Gott, der Herr, einen tiefen Schlaf auf den Menschen fallen, so daß er einschlief, nahm eine seiner Rippen und verschloß ihre Stelle mit Fleisch. Gott, der Herr, baute aus der Rippe, die er vom Menschen genommen hatte, eine Frau und führte sie dem Menschen zu»* (Gen 2,18).

Vermutlich bedeutet «Rippe» nichts weiter als einen festen Teil des menschlichen Körpers, vergleichbar dem Kern aus Holz, den die Töpfer manchmal verwenden, um ihren Figuren einen festen Halt zu geben. Daß der Rohstoff für die Erschaffung der Frau, anders als bei den Tieren, die aus dem Ackerboden geformt wurden, dem Leib des Menschen/Mannes entnommen wird, ist ein Hinweis auf die Gleichartigkeit und damit Ebenbürtigkeit des neuen Geschöpfes. In der Verwendung einer «Rippe» als Rohmaterial steckt möglicherweise ein Wortspiel, das schon im Hebräischen (und in den modernen Sprachen) verlorengegangen ist, aber in der Urform der Geschichte enthalten war. In der sumerischen Keilschrift ist nämlich das Zeichen für «Rippe» identisch mit dem für «Leben».

Der «tiefe Schlaf», in den Gott den Menschen versetzt, ist wohl kaum als eine Art von Narkose zu interpretieren. Vermutlich soll nur klargestellt werden, daß am Schöpfungsvorgang allein Gott beteiligt ist. Es könnte aber auch sein, daß der biblische Autor an eine Art mystischen Erlebens gedacht hat, das, wie an einer anderen Stelle des Buches Genesis in der Geschichte Abrahams (15,12), alle Sinneswahrnehmungen aussetzen läßt, um eine große, entscheidende Offenbarung einzuleiten.

Die Begegnung von Mann und Frau

Gott selbst, so geht es dann mit der Frau weiter, *«führte sie dem Menschen zu»* – sozusagen als Brautführer, wie die alten Kommentare gerne anmerkten. Zugeführt hatte Gott dem Menschen zuvor schon die Tiere mit dem Auftrag, sie zu benennen. Die Namensgebung hatte jedoch gezeigt, daß unter ihnen keine *«Hilfe, die dem Menschen entsprach»*, zu finden war. Ganz anders ist die Reaktion des Menschen beim Anblick der Frau. Er gerät diesmal geradezu in Ekstase und wird zum Dichter, wenn er freudig ausruft:

«Das endlich ist Bein von meinem Bein/und Fleisch von meinem Fleisch. Frau soll sie heißen;/denn vom Mann ist sie genommen» (Gen 2,23).

Die erste Rede, die wir vom Menschen hören, ist im Hebräischen tatsächlich ein kleines Gedicht, das eine Antwort gibt auf Gottes Selbstgespräch in Vers 18: *«Es ist nicht gut, daß der Mensch allein bleibt ...»*. Denn der Mensch bestätigt, daß er nun «endlich» ein Geschöpf gefunden hat, das seiner eigenen Identität entspricht. Unmerklich hat sich nämlich der Gattungsbegriff «Mensch» zu dem von «Mann» gewandelt, der erst wirklich Mensch wird in der Begegnung mit der Frau.

Die Formulierung: *«Frau* [wörtlich: Männin] *soll sie heißen, denn vom Mann ist sie genommen»*, ist im Hebräischen ein Wortspiel, da *ischa* (= Frau) die Femininform von *isch* (= Mann) ist. Eine gewisse Parallele findet sich im Englischen, wo «woman» aus «wife of a man» gebildet ist. Mit der Benennung als «Männin» bekraftigt der Mensch die Gleichheit mit der neuen Gefährtin, gibt aber zugleich kund, daß er jetzt auch weiß, wer er selbst ist. Erst die Erschaffung der Frau macht ihn, der ursprünglich geschlechtslos war, zu einem «Mann». Mit dem Ausdruck *«Bein von meinem Bein und Fleisch von meinem Fleisch»* wird in der Bibel eine enge Verwandtschaft bezeichnet, wie in Gen 29,14, wo Laban mit denselben Worten seinen Neffen Jakob zum Familienmitglied erklärt.

Zum Schluß meldet sich der biblische Autor selbst zu Wort, indem er den begeisterten Ausruf des vom Anblick der Frau faszinierten Mannes kommentiert: *«Darum verläßt der Mann Vater und Mutter und bindet sich an seine Frau, und sie werden ein Fleisch»* (Gen 2,24). Seine Aussage, daß Mann und Frau «ein Fleisch» werden, sollte man wohl nicht allzu eng auf den sexuellen Kontakt beziehen. Das biblische Hebräisch hat für «Leib» kein eigenes Wort und spricht statt dessen vom «Fleisch». Damit ist aber der ganze Mensch gemeint: Sein Wesen, seine Identität mit «Herz und Seele». Recht verstanden, wird hier der Verbindung von Mann und Frau ein höchster integrativer Wert zugesprochen: Sie ist eine Einheit zweier Personen, die selbst eine neue Qualität besitzt. Darauf spielt wohl Jesus an, wenn er die Stelle in der Diskussion um die Ehescheidung zitiert (Mt 19,5).

Eine feministische Deutung der Rolle der Frau

Der Text über die Erschaffung der Frau wird heute manchmal als sexistisch gebrandmarkt. Denn während Mann und Frau im Schöpfungsbericht zu Beginn des Buches Genesis gleichzeitig und offensichtlich gleichberechtigt erschaffen werden – «*Gott schuf den Menschen als sein Abbild; als Abbild Gottes schuf er ihn. Als Mann und Frau schuf er sie* [die Menschen]» (Gen 1,27) –, scheint die Frau in der Paradieserzählung des zweiten Kapitels sozusagen nur ein nachträglicher Einfall Gottes zu sein, der nur dazu dient, den Mann aus seiner Einsamkeit zu erlösen.

Aber läßt sich die dortige Reihenfolge der Erschaffung von Mann und Frau ebenso wie das «Material», aus dem die Frau «gebaut» wurde, nicht auch ganz anders verstehen? In der Tat haben einige weibliche Bibelwissenschaftlerinnen aus dieser Geschichte herausgelesen, daß die Erschaffung der Frau als Höhepunkt des Schöpfungsgeschehens gedacht war. Ebenso sehen sie in der Aussage, daß Gott die Frau aus der «Rippe» Adams machte, einen Hinweis auf ihre Einzigartigkeit, da alle anderen Lebewesen – einschließlich des Mannes – aus dem «Staub der Erde» gemacht wurden. Der Fortgang der Erzählung würde sogar darauf hinweisen, daß die Frau zunächst die Führungsrolle innehatte. Denn sie wird in der gleich anschließenden Versuchungsgeschichte als Wortführerin auftreten, deren Entscheidung der Mann übernimmt, und sie wird nach der Übertretung, unter Umkehrung des vorausgehenden Zustandes, mit der Unterwerfung unter den Mann bestraft. Diese Deutung würde auch, so sagt man, besser erklären, warum die Schlange sich an die Frau wandte und nicht an den Mann, als die bei den meist männlichen Bibelauslegern bis in die neueste Zeit gängigen Interpretationen, nach denen die Frau auf Grund ihrer stärker gefühlsbetonten Psyche zur Unvernunft neigte und deshalb leichter zu beeinflussen gewesen sei.

Man sieht, daß die Schilderung der Erschaffung der Frau verschiedene Interpretationen erlaubt. Zwar hat der biblische Autor, wie sonst auch, aus einer männlich-patriarchalischen Perspektive erzählt, wenn er in Verkehrung des natürlichen Ablaufs, der eigentlich eine «Urmutter» gefordert hätte, die Frau aus dem Leib des Mannes hervorgehen ließ. Doch gibt es keinen Zweifel, daß seine Erzählung selbst nicht nur die Ebenbürtigkeit der Frau mit dem Manne, sondern vielleicht sogar ihren anfänglichen Vorrang deutlich machen sollte. Diese und andere

Passagen haben den in den USA berühmten Literaturkritiker Harold Bloom zu der Vermutung veranlaßt, gewisse Erzählstränge, die später in das Buch Genesis eingearbeitet wurden, seien von einer Frau aus der Hofgesellschaft König Davids oder Salomos verfaßt worden.

Wie dem auch sei, es ist jedenfalls bemerkenswert, daß die Bibel der Erschaffung der Frau eine so ausführliche Darstellung widmet wie sonst nirgends in der altorientalischen Mythologie. Sie verwendet dafür genau so viele Worte, nämlich 16 im hebräischen Original, wie für die Erschaffung des Mannes. Das ist bei einem so sorgfältig konstruierten Text kaum ein Zufall.

Der Verlust des Paradieses

Der moderne Leser mag den ersten Teil der Paradieserzählung, der von der Erschaffung und dem glücklichen Aufenthalt der ersten Menschen im Garten Eden handelt, noch als poetisches Zeugnis vorwissenschaftlicher Naivität schätzen und belächeln. In ihrem zweiten Teil wird er jedoch mit Aussagen konfrontiert, die seinem heutigen Lebensgefühl entgegenstehen. Was ihn dabei stört, sind weniger die mythisch-märchenhaften Züge der Erzählung, wie das Auftreten einer sprechenden Schlange oder das Wandeln Gottes im Garten beim Abendwind. Es sind vielmehr die mit der Erzählung verbundenen Vorstellungen von Schuld und Strafe. Die harte Ahndung für das bloße Essen einer Frucht erscheint völlig überzogen. Der heutige Mensch sieht nicht ein, wieso alle Übel, unter denen er leidet – das Sterbenmüssen, die Mühsal der Arbeit und die Schmerzen des Gebärens – die Folge eines einzigen Fehltritts sein sollen, dessen Bosheit in keiner Weise einsichtig ist. Als besonders schockierend empfindet er auch – vor allem aber: sie – die Aussagen über die eminente Rolle der Frau bei der Verfehlung sowie über ihre Bestrafung mit den Schmerzen der Geburt und ihre Unterwerfung unter den Mann.

Das rechte Verständnis der Sündenfallerzählung wird durch die Tatsache erschwert, daß sie in Predigt und religiöser Unterweisung kaum jemals mit der nötigen Differenziertheit behandelt wird, ganz zu schweigen von ihrer gedankenlosen Banalisierung und Verflachung im Alltagsgerede. So bringt der Leser meist ein Vorverständnis mit, das die einzelnen Elemente der Erzählung in einem Licht sieht, das ihrer ursprünglichen Aussageabsicht keineswegs entspricht. Es erscheint deshalb angebracht, durch eine genaue Lektüre des Textes aufzuzeigen, was die Bibel tatsächlich über das fatale Geschehen im Garten Eden sagt und was sie nicht sagt. Viele der oben genannten Schwierigkeiten, wenn auch nicht alle, dürften sich damit von selbst erledigen.

Der biblische Plot

Die Dramatik der Erzählung nimmt ihren Ausgang in der Erwähnung zweier besonderer Bäume bei der Beschreibung des Paradieses. Der Genuß der Früchte des Lebensbaums war dem Menschen offensichtlich erlaubt, denn er sollte, wie ihm Gott ausdrücklich sagte, *«von allen Bäumen des Gartens»* essen. Somit hätten die Menschen ohne den späteren «Sündenfall» ihr Dasein im Paradies unbegrenzt verlängern können. Die einzige Ausnahme betrifft den anderen der beiden Bäume: *«Doch vom Baum der Erkenntnis von Gut und Böse darfst du nicht essen; denn sobald du davon ißt, wirst du sterben»* (Gen 1,16–17).

Man darf wohl vermuten, daß hier mit «Erkenntnis» zwar keine Allwissenheit und Allmacht, wie sie nur Gott zukommt, gemeint ist, aber doch die ansatzweise Fähigkeit zu jener Ganzheit des theoretischen und praktischen Wissens, wie sie allgemein als charakteristisch für das Menschsein angesehen wird. Für diese Interpretation spräche – auch wenn man die innere Logik des Erzählens in mythischer Sprache nicht allzu sehr strapazieren will –, daß der Mensch schon vor dem Sündenfall eine beschränkte Erkenntnisfähigkeit besaß: Er war beispielweise imstande, die Tiere zu benennen und ein Gedicht auf die Frau zu verfassen, diese kann, wie sich gleich zeigen wird, die Schönheit der verbotenen Früchte wahrnehmen, und beide sind schon jetzt der Sprache fähig.

Für das Verbot wird zunächst keine nähere Begründung gegeben. Erst der Fortgang der Erzählung wird zeigen, daß der Mensch die für ihn nach dem Fall typische Erkenntnisfähigkeit und die Unsterblichkeit nicht zugleich haben kann, wie dies Gott ausdrücklich sagen wird (Gen 3,22). Die Warnung, nach dem Genuß der verbotenen Frucht sterben zu müssen, ist also nicht so sehr als Strafandrohung zu verstehen, sondern als Feststellung der Unvereinbarkeit von ewigem Leben und Erkenntnis. Tatsächlich wird Gott das Menschenpaar nicht schon an dem Tag, an dem es vom Baum der Erkenntnis gegessen hat, sterben lassen. Der Tod ergibt sich erst daraus, daß den aus dem Paradies vertriebenen Menschen der Zugang zum Baum des Lebens verwehrt bleibt.

3. Unbekannter Künstler, *Der Garten des Paradieses*, 1491

Die Übertretung

Die letzte Aussage im 2. Kapitel, *«Beide, Adam und seine Frau, waren nackt, aber sie schämten sich nicht voreinander»* (Gen 2,25), hat später wegen der darin erwähnten Nacktheit des ersten Paares Anlaß zu vielerlei Spekulationen über die genaueren Details der Lebensumstände im Paradies gegeben, beispielweise, ob das Menschenpaar im Garten bereits so etwas wie Sinnlichkeit kannte und miteinander geschlechtlichen Verkehr hatte. Entgegen der Kapiteleinteilung, die erst im Mittelalter vorgenommen wurde, ist die Aussage jedoch eindeutig eine Einleitung zu dem nun beginnenden Abschnitt über die Übertretung, der mit dem Impuls zur Bekleidung der Nacktheit enden wird: *«... Sie hefteten Feigenblätter zusammen und machten sich einen Schurz»* (Gen 3,7).

Die eigentliche Handlung setzt ein mit dem Auftreten eines Versuchers: *«Die Schlange war schlauer als alle Tiere des Feldes, die Gott, der Herr, gemacht hatte. Sie sagte zu der Frau: Hat Gott wirklich gesagt: Ihr dürft von keinem Baum des Gartens essen? Die Frau entgegnete der Schlange: Von den Früchten der Bäume im Garten dürfen wir essen; nur von den Früchten des Baumes, der in der Mitte des Gartens steht, hat Gott gesagt: Davon dürft ihr nicht essen, und daran dürft ihr nicht rühren, sonst werdet ihr sterben. Darauf sagte die Schlange zur Frau: Nein, ihr werdet nicht sterben. Gott weiß vielmehr: Sobald ihr davon eßt, gehen euch die Augen auf; ihr werdet wie Gott und erkennt Gut und Böse»* (Gen 3,1–5).

Die Schlauheit der Schlange zeigt sich in ihrem geschickten Vorgehen. Ihre Rede ist voll halber Wahrheiten oder doppeldeutiger Formulierungen. In der Zusicherung *«Nein, ihr werdet nicht sterben»,* mit der sie die offensichtliche Angst der Frau beschwichtigt, steckt zwar ein wahres Element, insofern das Essen vom Baum tatsächlich Erkenntnis bringen wird, ohne auf der Stelle zum Tode zu führen. Den unausweichlichen Bezug zwischen Unsterblichkeit und Erkenntnis, die der Mensch nach Gottes Worten nicht beide zugleich haben kann, läßt die Schlange jedoch außer Betracht. Auch ihre Aussage *«Sobald ihr davon eßt, gehen euch die Augen auf; ihr werdet wie Gott und erkennt Gut und Böse»,* ist teilweise richtig, da der Mensch durch das Essen vom Baum tatsächlich eine Erkenntnis erhalten wird, die derjenigen Gottes ähnlich ist. Es wird sich jedoch herausstellen, daß diese Erkenntnis nicht so umfassend ist, daß sie den Menschen Gott gleich macht. Selbst bei dem berühmten Wort der Schlange *«Ihr werdet wie Gott»* bleibt unklar, ob es eine Wesensgleichheit verspricht oder nur ein Erkenntnisvermögen meint, das bislang Gott allein hat.

Nun kommt, was kommen mußte: *«Da sah die Frau, daß es köstlich wäre, von dem Baum zu essen, daß der Baum eine Augenweide war und dazu verlockte, klug zu werden. Sie nahm von seinen Früchten und aß; sie gab auch ihrem Mann, der bei ihr war, und auch er aß»* (Gen 3,6). Die Feststellung «Da sah die Frau …» zeigt an, daß ein neuer Handlungsablauf einsetzt. Der Versucher in Person der Schlange hatte den Blick der Frau durch seine Einflüsterungen auf den Baum gelenkt, aber sie wird bei seinem Anblick ihre Entscheidung aus eigener Verantwortung treffen. Die Beschreibung ihres subjektiven Empfindens brachte mit dem Gedanken an die Köstlichkeit des Essens vom Baum den Geschmackssinn – zumindest in Antizipation – ins Spiel, ebenso wie den Gesichtssinn, für den «der Baum eine Augenweide war». In dieser durch die Sinnesreize hervorgerufenen Euphorie fand die Frau auf Grund der von der Schlange gelieferten Information besonders verlockend, daß der Genuß der Frucht «klug» mache. Der Text sagt also nicht, wie manchmal behauptet wird, daß die Frau werden wollte «wie Gott», auch wenn sich ihr Begehren natürlich implizit auf jene Erkenntnis richtete, die von der Schlange Gott zugeschrieben wurde.

Der Endpunkt des psychischen Prozesses, der in der Frau vorgeht, ist nur mit knappen Worten geschildert: *«Sie nahm … und aß»*. Ihre offenbar spontane Entscheidung, von den Früchten zu nehmen und zu essen, wird durch das vorausgehende Gespräch mit der Schlange genügend plausibel. Durch den Hinweis, daß der Mann «bei ihr war», erfahren wir, daß die Frau nicht allein war. Er übernimmt ganz einfach die Entscheidung der Frau. Daß er einfach ißt, was die Frau ihm gibt, erklärt sich aus der Solidarität des Paares, das den Menschen in seiner Ganzheit symbolisiert.

Welch eine Enttäuschung: *«Da gingen beiden die Augen auf, und sie erkannten, daß sie nackt waren. Sie hefteten Feigenblätter zusammen und machten sich einen Schurz»* (Gen 3,7). Statt eine gottgleiche Erkenntnis zu erlangen, wie die Schlange der Frau versprochen hatte, erkennen die Menschen nur ihre Nacktheit. Die Verhaltenheit des Textes läßt nur ahnen, was damit gemeint ist. Ist es die Entdeckung der Geschlechtsdifferenz, was Ängste und Unsicherheit voreinander hervorruft? Oder ist es das Gewahrwerden der Widersprüchlichkeit zwischen dem hohen Anspruch auf Gottähnlichkeit und der Realität des menschlichen Daseins in seiner schwachen und wehrlosen Leiblichkeit? Beides mag in der Aussage mitschwingen.

Im Menschenpaar hat offenbar jener Wandel stattgefunden, der sich beobachten läßt, wenn Kinder «zum Gebrauch der Vernunft gelangen». Bezeichnenderweise stellen auch wir einen Bezug zwischen Erkenntnis und Bewußtwerden der Nacktheit her. Nur die «unvernünftigen» Kinder gehen unbefangen mit ihrer Nacktheit um. Es ist allerdings unwahrscheinlich, daß der Text im Genuß der verbotenen Frucht einen Vollzug des Geschlechtsaktes sieht, wie es die volkstümliche Meinung gerne insinuiert. Die Bibel umschreibt zwar den Verkehr des Mannes mit seiner Frau manchmal mit dem Wort «erkennen», das in seiner hebräischen Grundbedeutung «vertraut werden mit etwas» meint oder «intim werden», wie wir heute vielleicht sagen würden. Die unausrottbare gedankliche Assoziation vom Essen der Frucht vom Baum der Erkenntnis mit der Ausübung menschlicher Geschlechtlichkeit hat jedoch im Text nur insofern eine Stütze, als von jetzt an auch das «Erkennen» von Mann und Frau im Sinne von Geschlechtsverkehr als Möglichkeit mit aufscheint. So wird auch bald schon vom Kinderkriegen die Rede sein, von einem «Erkennen» im Sinne von sexuellem Verkehr allerdings erst bei der Geburt Kains (Gen 4,1), also nach der Vertreibung aus dem Paradies.

Das «Machen des Schurzes» schließt den Erzählabschnitt ab, der mit dem Hinweis, daß sich das Menschenpaar nicht voreinander schämte, begonnen hatte. Es zeigt im übrigen eine zweite, zugegeben noch durchaus bescheidene Wirkung des neugewonnenen Erkenntnisvermögens: Die Menschen erkennen nicht nur, daß etwas für sie «nicht gut» ist, sie entwickeln jetzt auch Erfindungsgeist, um dem Mangel abzuhelfen. Hierin tritt der für die Bibel typische Begriff von Erkenntnis zutage, die, wie bereits erwähnt, neben der Fähigkeit zu unterscheiden auch die Befähigung einschließt, danach zu handeln.

Eine Psychologie der Versuchung und der Scham

Erstaunlich ist die Treffsicherheit, mit der der biblische Autor in wenigen Sätzen und auf knappstem Raum Einblick in die menschliche Psyche gewährt. Das gilt schon für die Faszination, welche die Frau auf den Mann ausübt, als Gott ihm die Gefährtin zuführt. Ein Höhepunkt der Darstellungskunst ist jedoch der Dialog zwischen der Schlange und der Frau. Man hat darin sehr treffend eine «*Psychologie der Versuchung*» gesehen, wie sie bei einem inneren Widerstreit zwischen Pflicht und Neigung häufig zu beobachten ist. Tatsächlich läßt sich in der Erzählung die allgemein menschliche Erfahrung wiedererkennen, daß jedes Verbot Ressentiments weckt. Sie führen dazu, den Umfang und die Berechtigung des Verbots, die Verhältnismäßigkeit der angedrohten Strafe und nicht zuletzt auch die Beweggründe dessen, der das Verbot erlassen hat, zu hinterfragen.

Die Schlange beginnt das Gespräch damit, die Frau in eine Diskussion darüber zu verwickeln, was Gott tatsächlich gesagt hatte. Die scheinbar harmlose Erkundigung, ob «*Gott wirklich gesagt hatte, von keinem Baum des Gartens zu essen*» (Gen 3,1), ist ein erster Schritt, um die Hemmungen vor einer Übertretung des Verbotes zu überwinden. Die Schlange hat dabei zudem dessen ursprünglichen Wortlaut «*Von allen Bäumen darfst du essen, außer ...*» auf raffinierte Weise geradezu in sein Gegenteil verkehrt. Denn sie stellt Gott als den harten Gesetzgeber hin, dessen hervorstechendes Merkmal es ist, alles zu verbieten, während er sich in Wirklichkeit als freigebiger Wohltäter erwiesen hatte, der dem Menschenpaar erlaubte, mit einer einzigen Ausnahme alle Früchte des Gartens zu genießen. In ihrer Antwort fühlt sich die Frau zwar verpflichtet, die Übertreibung der Schlange zu korrigieren und das göttliche Verbot auf den Baum in der Mitte des Gartens einzuschränken. Sie verstärkt jedoch von sich aus die mit dem Essen von diesem Baum verbundene Todesdrohung durch den Zusatz: «*daran dürft ihr nicht rühren, sonst werdet ihr sterben*» (Gen 3,3).

In diesem von der Frau angeführten Verbot des Berührens, das Gott nie ausgesprochen hatte, sondern das nur in ihrer Phantasie besteht, sehen viele Bibelausleger wohl mit Recht ein Anzeichen für einen inneren Widerstand, der den Sinn der Ausnahmeregelung für den einen Baum und die Glaubwürdigkeit der angedrohten Strafe in Frage stellt. Die Schlange geht auf den Einwand nicht ein, sondern greift nur das Stichwort «*sterben*» auf, das die Angst der Frau vor der Strafe offenlegt. Sie beschwichtigt den offensichtlichen Zwiespalt in der Frau mit der Zusicherung «*Nein, ihr werdet nicht sterben*», was nur insofern stimmt, als sich die Todesandrohung nicht auf der Stelle realisieren wird. Wiederum voll Raffinesse weckt sie mit den Worten «*Gott weiß vielmehr, sobald ihr davon eßt, gehen euch die Augen auf; ihr werdet wie Gott und erkennt Gut und Böse»* (Gen 3,5) das Mißtrauen der Frau, indem sie das göttliche Gebot auf selbstsüchtige Motive zurückführt: Gott wolle nämlich verhindern, daß die Menschen wie Gott werden und die damit verbundene Erkenntnis erlangen. Indem die Schlange vorgibt, die Absicht Gottes, die hinter dem Verbot steht, zu kennen, gelingt es ihr, das Vertrauen der Frau in die Uneigennützigkeit und Fürsorge Gottes zu untergraben. Durch die perfide Unterstellung, Gott wolle den Menschen das Gut der Erkenntnis vorenthalten, kann sie nun sogar ohne eine ausdrückliche Aufforderung zur Übertretung des göttlichen Gebotes ihr Ziel erreichen. Denn die Frau will daraufhin gerade dieses ihr scheinbar zu Unrecht vorenthaltene Gut unbedingt haben und ihre Angst vor den möglichen Folgen tritt in den Hintergrund – ein psychologischer Mechanismus, den jeder Mensch aus eigener Erfahrung zur Genüge kennt.

Bemerkenswert ist auch, wie der Autor vor und nach der Übertretung des göttlichen Verbots mit dem Phänomen von Scham und Bekleidung umgeht. «Scham» ist eine nicht leicht erklärbare typisch menschliche Reaktion. Sie tritt auf, wenn ein Mensch sich vor sich selbst oder vor anderen bloßgestellt fühlt, sei es durch ein tatsächliches oder vermeintliches Versagen, sei es durch das Gefühl des Ungenügens in einer konkreten Situation. Sie zeigt sich zwar häufig als geschlechtlich bedingte Scheu der Menschen voreinander, ihr Auftreten kann aber nicht auf diesen Bereich eingeschränkt werden.

Im Falle der Nacktheit ist das Sich-Bekleiden eine Reaktion der Selbstbewahrung, die aus dem Bewußtsein kommt, daß der Mensch mehr ist, als er in seiner bloßen Körperlichkeit von sich zeigen kann. Daß im biblischen Text von einem «Schurz» und nicht allgemein von einem Kleid die Rede ist, gibt vielleicht einen Schlüssel für die Eigenart der Gefühle, welche das erste Menschenpaar empfand. Der Schurz soll offenbar dem «Bedecken der Scham» dienen, um einen etwas altertümlichen Ausdruck zu gebrauchen. Gemeint ist damit jener Bereich in der unteren Körperhälfte, für den man früher bezeichnenderweise den Ausdruck «Blöße» oder «Schamteile» benutzte. So liegt es nahe, daß der Erzähler das Erkennen der Nacktheit mit der peinlichen Wahrnehmung gleichsetzen wollte, daß die Öffnungen im Unterleib des Menschen zugleich den Körperausscheidungen wie den Bezeugungen der menschlichen Liebe und der Fortpflanzung dienen. Die Feststellung «Nascimur inter faecem et urinam» – «Zwischen Kot und Urin werden wir geboren», wie sie aus der Antike überliefert ist, wurde schon immer als demütigend empfunden.

Der biblische Erzähler verstand dieses Sich-Bekleiden zweifellos als ein Merkmal des zivilisierten Menschen. Selbst bei Naturvölkern gibt es keine völlige Nacktheit. Stets findet sich wenigstens die Bemalung oder Tätowierung des Körpers oder auch die Verwendung einer Blume oder Muschelschnur. Die völlige Entblößung des Körpers, wie sie beispielsweise von den Griechen in ihren Gymnasien und bei sportlichen Wettkämpfen praktiziert wurde, ist kein Gegenargument. Sie hatte einen religiös-kultischen Charakter und wurde nur in diesem Zusammenhang als Ausnahmesituation geduldet. Im übrigen galt die Nacktheit dem semitischen Empfinden seit jeher als Greuel, eine Reaktion, die gegenüber allzu entblößten TouristInnen in den Ländern des Nahen Ostens oder Nordafrikas bis heute festzustellen ist.

Das Verhör

Nun beginnt, Schritt für Schritt, die Ahndung der Gebotsverletzung. Wie es sich für einen ordentlich geführten Strafprozeß gehört, ergeht der Urteilsspruch erst nach Anklage und Verteidigung, ein Recht, das Gott den Menschen zugesteht: «*Als sie Gott, den Herrn, im Garten gegen den Tagwind einherschreiten hörten, versteckten sich Adam und seine Frau vor Gott, dem Herrn, unter den Bäumen des Gartens. Gott, der Herr, rief Adam zu und sprach: Wo bist du? Er antwortete: Ich habe dich im Garten kommen hören; da geriet ich in Furcht, weil ich nackt bin, und versteckte mich. Darauf fragte er: Wer hat dir gesagt, daß du nackt bist? Hast du von dem Baum gegessen, von dem zu essen ich dir verboten habe? Adam antwortete: Die Frau, die du mir beigesellt hast, sie hat mir von dem Baum gegeben, und so habe ich gegessen. Gott der Herr sprach zu der Frau: Was hast du getan? Die Frau antwortete: Die Schlange hat mich verführt, und so habe ich gegessen*» (Gen 3,8–13).

Die poetisch anmutende Schilderung des «*gegen den Tagwind einherschreitenden Gottes*» trägt anthropomorphe Züge, da sie unterstellt, daß Gott sich im Paradies wie der Eigentümer eines Gartens ergeht. Sie geht möglicherweise auf die antike Vorstellung zurück, daß das Geräusch des Windes in den Blättern die Präsenz der Gottheit anzeigen kann. Wahrscheinlich ist der Abendwind gemeint, der gegen Sonnenuntergang in vielen Gegenden des Orients Erleichterung von der Hitze des Tages mit sich bringt. Jedenfalls wird bei den Menschen ein für sie neues Unbehagen in Gottes Gegenwart sichtbar. Denn das «Sich-Verstecken» offenbart eine Veränderung in ihrer Beziehung zu Gott. Offensichtlich spüren der Mann und die Frau, daß die Feigenblätter Gott gegenüber nicht ausreichen, um ihren wahren Zustand zu verbergen.

Die offensichtlich rein rhetorischen Fragen Gottes klingen zwar vorwurfsvoll, hören sich aber eher an, als wollten sie dem Menschenpaar eine Brücke bauen, seine Verfehlung zuzugeben. Dessen Antworten sind jedoch nur ein widerwilliges Geständnis, dem ein Versuch, sich zu verteidigen, vorausgeht, wobei der Mann die Schuld auf die Frau und die Frau auf die Schlange schiebt. Mit seiner Behauptung, er habe es nur wegen der Frau getan, *«die du mir beigesellt hast»*, gibt der Mann sogar zu verstehen, Gott, der ihm die Partnerin gegeben hatte, sei letztlich für das Geschehen verantwortlich. Die Antwort der Frau ist in derselben Tonart, da ihre Ausrede *«Die Schlange hat mich verführt»* nicht nur an die erwähnte Klugheit oder Schlauheit dieses Tieres erinnert, sondern ebenfalls einen Vorwurf gegen Gott anklingen läßt, da sie auf eines seiner Geschöpfe verweist. Es fällt auf, daß die Schlange nicht befragt wird, vielleicht weil nur der Mensch, nicht aber das Tier für sein Tun vor Gott verantwortlich ist. Die brennende Frage nach den Motiven der Schlange für die Verführung der Frau, also nach dem Ursprung des Bösen, erhält somit leider keine Antwort.

Wenn im Gespräch zwischen der Schlange und der Frau so etwas wie eine *«Psychologie der Versuchung»* steckte, dann kann man im Wortwechsel zwischen dem Menschenpaar und Gott beim Verhör nach der Übertretung eine *«Psychologie der Selbstrechtfertigung»* entdecken. Die Naivität der Vorstellung von einem in der Abendkühle spazierengehenden Gott, der die Menschen in ihrem Versteck anspricht, sollte nicht von der Einsicht ablenken, wie sehr die Reaktion des Mannes und der Frau auf die Fragen Gottes von einer tiefen Kenntnis der menschlichen Psyche zeugt: Der Mann schiebt die Schuld auf die Frau und die Frau auf die Schlange. Und wir – so läßt sich der Kreis schließen – schieben die Schuld für unsere Verfehlungen auf Adam und Eva, vergessen dabei allerdings, daß der ganze Bericht ständig vom «Manne» und von der «Frau» spricht, also von uns, nicht aber von zwei namentlich bezeichneten Personen in einer fernen Vergangenheit.

Die Ahndung

In der gleichen Reihenfolge, in der sie bei der Gebotsverletzung mitwirkten, Schlange – Frau – Mann, wird nun über die Beteiligten das Urteil verkündet. Die «Urteilssprüche» haben, wie damals häufig, eine dichterisch-rhythmische Form. Sie beschreiben die Daseinsweise, in der die Schlange, die Frau und der Mann künftig leben werden. Was den Menschen angeht, beschränken sie sich auf die elementarsten Themen seiner Existenz: Fortpflanzung, Arbeit und Tod.

Zur **Schlange** sagt Gott: «*Weil du das getan hast, bist du verflucht unter allem Vieh und allen Tieren des Feldes. / Auf dem Bauch sollst du kriechen und Staub fressen alle Tage deines Lebens. / Feindschaft setzte ich zwischen dich und die Frau, zwischen deinen Nachwuchs und ihren Nachwuchs. / Er trifft dich am Kopf, und du triffst ihn an der Ferse.*» (Gen 3,14)

Das «Kriechen auf dem Bauch», das wegen der Nähe des Kopfes zum Boden dazu zwingt, «den Staub zu fressen», galt im Alten Orient als Symbol der Erniedrigung. Das vorher «schlaueste unter den Tieren» muß von nun an die unterste Rangstufe einnehmen, wie die Sklaven oder die unterworfenen Feinde, die in der Bildersprache jener Zeit als auf dem Bauch liegend dargestellt werden. Diese Bildhaftigkeit dürfte die Rede vom Staubfressen besser erklären als der meist angeführte Hinweis, der biblische Autor hätte geglaubt, daß sich die Schlangen vom Staub ernähren.

Die Behauptung einer besonderen Feindschaft zwischen Frau und Schlange ist offenbar ironisch als Umkehrung der beiderseitigen Vertrautheit bei der Begegnung am Baum der Erkenntnis gedacht. Allerdings heißt es sogleich, daß diese Feindschaft «*zwischen dem Nachwuchs der Schlange und dem der Frau*» bestehe. Vermutlich handelt es sich – ersichtlich an der Gedichtform – ursprünglich um einen weisheitlichen Spruch, der allgemein das feindliche Verhältnis zwischen Mensch und Schlange beschreibt. Denn statt «Nachwuchs» heißt es wörtlich: «Samen», ein Wort, das in Bezug auf die Frau verwundert, da es in der Bibel sonst nur beim Mann gebraucht wird. Das an die Schlange gerichteten Wort: «Er [der Same der Frau] *trifft dich am Kopf, und du triffst ihn an der Ferse*», verweist auf eine Ungleichheit des Kampfes, die den Menschen begünstigt. Dieser ist durch seinen aufrechten Gang imstande, der Schlange den Kopf, d. h. den für das Überleben wichtigsten Körperteil, zu zertreten, während sie ihn nur in den Fuß beißen kann, was nicht notwendig zum Tode führen muß.

Nach der Bestrafung der Schlange wendet sich Gott an **die Frau**: *«Viel Mühsal bereite ich dir, sooft du schwanger wirst. / Unter Schmerzen gebierst du Kinder. / Du hast Verlangen nach deinem Mann, / er aber wird über dich herrschen»* (Gen 3,16). Die Schmerzen der Frau bei der Geburt, wörtlich: «Seufzer/Wehlaute», waren selbst in der von den Männern geprägten Mentalität der biblischen Zeiten geradezu sprichwörtlich für große Qual. Nach der gängigen Auslegung liegt die Strafe der Frau gerade in diesen Schmerzen – eine heute mehr denn je – schockierende Vorstellung. Eine andere, durchaus plausible Übersetzung korrigiert dieses traditionelle Verständnis, indem sie die Bibelstelle etwa folgendermaßen wiedergibt: *«Deine Mühsal werde ich vermehren und deine Schwangerschaften; inmitten der Mühsal wirst du Kinder gebären.»* Nach dieser Interpretation bestünde die besondere Mühsal im Leben der Frau darin, daß sie zusätzlich zur normalen Arbeit in Haus und Feld auch noch die vielen schmerzlichen Schwangerschaften auf sich nehmen muß. Das Gewicht der Aussage läge somit nicht auf «unter Schmerzen», sondern auf den Umständen, unter denen das Gebären erfolgt.

Der Hinweis auf das *Verlangen der Frau nach dem Manne* will offenbar das Paradox erklären, daß die Frau trotz der Mühsal, die ihr die Schwangerschaften bringen, zum Mann hindrängt. Tatsächlich hat die gleich anschließende, heute so anstößig erscheinende Aussage über die *Herrschaft des Mannes* etwas mit den Schwangerschaften der Frau zu tun. Sie ist nämlich im Hebräischen mit einem Konsekutivsatz konstruiert, etwa im Sinne von: *«Du hast Verlangen nach deinem Manne, so daß er über dich herrschen wird»*. Die Rede von der Unterwerfung der Frau unter den Mann meint deshalb keine weitere, zusätzliche Strafe, die unabhängig von der Mühsal durch die Geburten über die Frau verhängt worden wäre.

Wenn der Text das Verlangen der Frau mit ihrer Unterwerfung unter den Mann verbindet, so steht dahinter die Tatsache, daß die Frauen in fast allen vormodernen Gesellschaften einer besonderen Schwierigkeit ausgesetzt sind. Einerseits können sie ihre Stellung nur verbessern, wenn sie Kinder zur Welt bringen, aber andererseits geraten sie dadurch in eine schwächere Position gegenüber dem Mann, von dessen Beistand und Schutz sie während ihrer Schwangerschaften abhängig sind. Dieses Dilemma ist selbst in der modernen Welt keineswegs verschwunden. Das zeigt die aktuelle Diskussion über die Frage, wie sich die Gleichberechtigung der Frau in der Arbeitswelt und im gesellschaftlichen Leben mit ihrer Mutterrolle vereinbaren läßt. Jedenfalls ist bemerkenswert, daß der Erzähler erst an diesem Punkt seines Berichtes von einer Herrschaft des Mannes über die Frau spricht und damit die neue Situation als eine Anomalie bewertet, die der ursprünglich gleichberechtigten – oder gar vorrangigen – Stellung der Frau widerspricht. Auch wenn die Liebe künftig nicht ausgeschlossen sein muß, so ist doch von nun an aus der ursprünglichen Einheit der Ehegatten eine Verbindung geworden, in der widerstreitende Interessen – Verlangen und Herrschsucht – miteinander ringen und die volle gegenseitige Anerkennung verhindern oder zumindest erschweren. Bezeichnenderweise wird dem Mann kein «königliches» Herrschaftsrecht wie dem Menschen im ersten Schöpfungsbericht bezüglich der Erde und der Tiere (Gen 1,28) übertragen. Vielmehr gebraucht der hebräische Text für das «Herrschen» des Mannes über die Frau dasselbe Wort wie für die Herrschaft der Gestirne über Tag und Nacht (Gen 1,16), wofür Martin Buber in seiner Bibelübersetzung hier wie dort das unpersönliche Wort «walten» verwendet.

Zuletzt kommt **der Mann** an die Reihe: *«Zu Adam sprach er: Weil du auf deine Frau gehört und von dem Baum gegessen hast, von dem zu essen ich dir verboten hatte: So ist verflucht der Ackerboden deinetwegen. / Unter Mühsal wirst du von ihm essen alle Tage deines Lebens. / Dornen und Disteln läßt er dir wachsen, und die Pflanzen des Feldes mußt du essen. / Im Schweiße deines Angesichts sollst du dein Brot essen, / bis du zurückkehrst zum Ackerboden; von ihm bist du ja genommen. / Denn Staub bist du, zum Staub mußt du zurück* (Gen 3,17–19).

Die meisten deutschen Übersetzungen lassen den Spruch an Adam ergehen, obwohl dieses Wort im hebräischen Text nicht als Eigenname steht, sondern mit dem Artikel, also *ha-adam*, was eigentlich den «Menschen» bezeichnet. Auch wenn sich aus dem Aufbau der Szene ergibt, daß nach der Schlange und der Frau jetzt speziell der Mann angesprochen ist, darf man wohl unterstellen, daß das, was über das mühselige Arbeitsleben und das Sterben gesagt wird, zugleich auch für die Frau gelten soll. Der Vorwurf *«weil du auf die Frau gehört hast»*, spielt wohl kaum auf ein in der Versuchungsgeschichte selbst nicht erwähntes Gespräch an, in dem die Frau erst noch den Mann überredet hätte, von der Frucht zu essen. Da im Hebräischen, das kein eigenes Wort für Gehorsam kennt, die Redeweise «auf jemand hören» so viel wie «gehorchen» meint, zielt der Vorwurf darauf, daß der Mann nicht auf das Wort Gottes hörte, sondern statt dessen der Initiative der Frau folgte. Er verstieß damit gegen die grundlegende Pflicht zum Hören auf das Wort Gottes in seinen Geboten, nach biblischem Verständnis Anfang und Kern der Frömmigkeit.

Der «Fluch über den Ackerboden» richtet sich nicht, wie manchmal gedankenlos gesagt wird, gegen die Arbeit des Mannes. Diese wird ebenso wenig wie vorher das Gebären der Frau verflucht. Ein Fluch trifft nur die Schlange und den Ackerboden. Die «Mühsal des Mannes» ist offenbar das Gegenstück zu den Schmerzen des Gebärens, da beide Worte im Hebräischen eng verwandt sind, ähnlich wie das englische «labour» sowohl Plackerei als auch Geburtswehen bedeuten kann. Das Auftreten von *«Dornen und Disteln»*, die den Ertrag des Ackers mindern, will erklären, warum der felsige, unwirtliche Boden Palästinas, auf dem der Autor lebte, das Leben so schwierig und mühevoll machte. Der Zusatz *«die Pflanzen des Feldes mußt du essen»*, verweist auf eine fortan eher eintönige und dürftige Ernährung, da nach der Vertreibung aus dem Paradies der Zugang zu den köstlichen Früchten der Bäume des Gartens versperrt sein wird. All diese tristen Details sind für den biblischen Autor ein Sinnbild der neuen Existenzweise des Menschen, auch wenn er nur das wenig beneidenswerte Los der bäuerlichen Bevölkerung seiner Tage beschreibt.

Der Spruch schließt mit einer Ankündigung der «Rückkehr des Menschen zum Ackerboden, von dem er genommen ist». Seine durch das Geschaffensein bedingte Hinfälligkeit wird begründet mit der vermutlich sprichwörtlichen Wendung *«Denn Staub bist du, zum Staub mußt du zurück»*, die die Eingangsverse des Berichtes aufgreift, wo es wörtlich hieß, daß der Mensch aus dem «Staub» des Ackerbodens geformt wurde (Gen 2,7). So schließt sich der Kreis: Die Schlange wird der Frau untergeordnet, die ihrerseits dem Mann unterstellt wird, der zum Knecht des Ackerbodens wird, von dem er stammt und zu dem er bei seiner «Beerdigung» zurückkehrt.

Die Todesverfallenheit des Menschen ist allerdings keine neben der sonstigen Mühsal noch zusätzlich verhängte «Todesstrafe». Für den Autor war der Mensch als aus dem Staub geschaffenes Wesen sterblich von Anfang an und hätte den Tod nur durch den Genuß der Frucht des

Lebensbaums abwenden können, was ihm durch die bevorstehende Vertreibung aus dem Paradies verwehrt bleiben wird.

Die Vertreibung

Nach den Urteilssprüchen beginnt für den Mann und die Frau jene Daseinsweise, welche auch das Leben der gegenwärtigen Menschheit bestimmt. Wegen der Todesankündigung, die ihm seine Sterblichkeit bewußt gemacht hat, denkt der Mann an die kommenden Geschlechter, und Gott sorgt sich um das Menschenpaar, bevor er es den Stürmen und Frösten seines neuen Daseins aussetzt: *«Adam nannte seine Frau Eva, denn sie wurde die Mutter aller Lebendigen. Gott, der Herr, machte Adam und seiner Frau Röcke aus Fellen und bekleidete sie damit»* (Gen 3,20–21).

Zum ersten Mal wird jetzt die bisher nur «Frau» genannte Gefährtin des Mannes mit dem Eigennamen *«Eva»*, der herkömmlichen deutschen Annäherung an das hebräische *hawwah*, genannt. Der Name wird vom Erzähler wegen der Ähnlichkeit mit dem hebräischen Wort für «Leben» als «Mutter aller Lebendigen» gedeutet, eine jener Etymologien, die sprachlich keine seriöse Basis haben, an denen die Bibel jedoch viel Gefallen findet, um eine Person oder Sache zu charakterisieren oder um auf einen erzählerischen Zusammenhang hinzuweisen: Der Name der Frau zeigt an, daß das Leben von nun an durch die Abfolge der Geburten weitergereicht wird.

Man kann zwar darüber spekulieren, ob es auch im Paradies Kinder gegeben hätte. Die innere Logik der gesamten Erzählung legt jedoch nahe, daß dieses Thema in deren Aufbau keinen Platz hatte, da das Menschenpaar sein Leben unbegrenzt hätte verlängern können, indem es vom Baum des Lebens aß. Wie dem auch sei, der Text beschreibt hier – wie schon vorher in bezug auf den Körperbau der Schlange – den nach-paradiesischen Zustand, in dem der Fortbestand des Menschengeschlechtes nur über Schwangerschaften verwirklicht werden kann.

Angesichts der wenig erfreulichen Umstände in der nach-paradiesischen Welt kann man mit einigen Bibelauslegern in der Versagung ewigen Lebens sogar einen letzten Akt göttlicher Fürsorge sehen. Denn die Vermehrung der Menschheit würde durch die jetzt eröffnete Möglichkeit der Fortpflanzung ohne den Tod der einzelnen Individuen zu absurden Konsequenzen führen: Nicht nur zu einer Übervölkerung der Erde, sondern auch zur Einengung der freien Gestaltungsmöglich-

4. Masaccio, *Die Vertreibung aus dem Paradies,* um 1424–1427

keiten für jede heranwachsende Generation, wenn die Väter ewig am Leben blieben. Wie dem auch sei, angesichts der Mühsale dieser Welt läßt sich, wenn man will, in der Aussicht nicht ewig leben zu müssen,

5. *Lebensbaum, der von zwei Cheruben bewacht wird,*
Goldlamelle aus Zypern, 1450–1350 v. Chr.

sogar noch etwas Tröstliches finden: Die Plackerei des Daseins hat einmal ein Ende. Das entspricht durchaus dem biblischen Denken, wonach der gute Mensch «alt und lebenssatt» stirbt, wie dies im Buch Genesis von den Patriarchen Abraham (Gen 25,8) und Isaak (Gen 35,29) oder im Buch Hiob beim Tod seiner zentralen Gestalt gesagt wird (Gen 42,7).

Es bleibt für den biblischen Erzähler nur noch die Aufgabe anzuzeigen, wie die in den Urteilssprüchen angekündigte tiefgreifende Veränderung in der Existenzweise des Menschen unumkehrbar gemacht wird. Er leitet den Bericht darüber wieder mit einer gewissen Feierlichkeit durch eine Überlegung ein, die er ins göttliche Bewußtsein verlegt: *«Dann sprach Gott, der Herr: Seht, der Mensch ist geworden wie wir; er erkennt Gut und Böse! Daß er jetzt nicht die Hand ausstreckt, auch vom Baum des Lebens nimmt, davon ißt und ewig lebt!»* (Gen 3,22). In diesen zwei Ausrufesätzen liegt die eigentliche Begründung für die Vertreibung aus dem Paradies: Der Mensch hat zwar die Erkenntnis erlangt, ist aber von nun an dem Tode anheimgegeben. Ihm soll deshalb durch die gleich anschließende Vertreibung aus dem Paradies die Möglichkeit genommen werden, seine Hand auszustrecken, um vom Baum des Lebens zu essen. Dieser bei der Beschreibung des Paradiesgartens in Genesis 2,9 nur beiläufig erwähnte Baum tritt damit in seiner Bedeutung für die Konstruktion des Handlungsablaufes klar zutage.

Die Heftigkeit, mit der Gott den Zugriff des Menschen auf den Lebensbaum abwehrt, mag an das in den Mythen häufige Motiv vom

«Neid der Götter», die eifersüchtig über ihr Vorrecht der Unsterblichkeit wachen, erinnern. Zwar könnte man Gottes Worte *«Der Mensch ist geworden wie wir; er erkennt ...»* als Ironie oder Sarkasmus verstehen, wie manchmal gesagt wird, da sie an die Behauptung der Schlange, durch die Erkenntnis von Gut und Böse werde der Mensch «wie Gott», erinnern. Sie sind jedoch ganz einfach eine Tatsachenfeststellung. Die Abwehr des Zugriffs auf den Lebensbaum macht lediglich die Unvereinbarkeit von Erkenntnis und ewigem Leben deutlich, wie sie schon der früheren Warnung Gottes vor dem Genuß der Frucht des Baums der Erkenntnis von Gut und Böse (Gen 2,16) zugrunde lag.

Auf die Phase der Überlegung folgt die Ausführung ihres Ergebnisses: *«Gott, der Herr, schickte ihn* [den Menschen] *aus dem Garten von Eden weg, damit er den Ackerboden bestellte, von dem er genommen war»* (Gen 3,23). Der «Mensch» – in diesen Versen ist wieder eindeutig die Gattung gemeint, zu der Mann und Frau gleichermaßen gehören – wird wie ein Gast, der sich schlecht benommen hat, aus seinem Amt als Hüter des Gartens gewiesen und erhält eine andere Aufgabe, nämlich den Ackerbau.

Nachdem Gott dem Menschen die Aufgabe als Hüter des Paradieses entzogen hatte, mußte er ihm auch die Möglichkeit einer Rückkehr dorthin unterbinden: *«Er vertrieb den Menschen und stellte östlich des Gartens von Eden die Kerubim auf und das lodernde Flammenschwert, damit sie den Weg zum Baum des Lebens bewachten»* (Gen 3,24). Es ist der letzte Akt des Dramas. Das starke Wort *«Vertreibung»* betont den dramatischen Aspekt einer gewissen Gewaltsamkeit gegenüber dem offenbar widerstrebenden Menschenpaar, wie dies in der abendländischen Kunst oft dargestellt wurde.

Die *Kerubim* (der hebräische Plural von Kerub) konnte der Autor bei seinem Publikum als bekannt voraussetzen. Im salomonischen Tempel (1 Kön 6,29.31), deshalb auch schon in der Beschreibung des Bundeszeltes (Ex 37,5–9), beschirmten sie mit ausgebreiteten Flügeln den Zugang zum Allerheiligsten. Das Wort ist vermutlich identisch mit dem mesopotamischen *«karibu»*, das ein dem Vogel Greif ähnliches beschwingtes Ungeheuer bezeichnet, wie sie – ähnlich den ägyptischen Sphingen – als Wächter an den Toren babylonischer und assyrischer Tempel und Paläste standen. Noch heute findet man in Indien, Tibet oder Ostasien am Eingang der Tempel furchterregende Kriegergestalten oder andere monströse Wesen, die böse Mächte abhalten sollen.

Das *Flammenschwert* taucht in vielen Mythen und Sagen auf als eine Art Feuermauer oder «Waberlohe» zur Bewachung von Schätzen, Personen oder heiligen und tabuisierten Örtlichkeiten. Entgegen der hergebrachten Darstellung in der Kunst sagt der Text nichts davon, daß die Kerubim/Engel das Schwert in Händen halten. Es ist eine von ihrem Bewachungsauftrag unabhängige Sperre.

Damit schließt sich ein langer Erzählbogen. Denn jetzt ist jener Mangel behoben, auf den zu Beginn dieser zweiten Schöpfungsgeschichte ausdrücklich hingewiesen worden war, nämlich: *«Es gab noch keinen Menschen, der den Ackerboden bestellte»* (Gen 2,5). Das Wegschicken aus dem Garten zur Bestellung des Ackerbodens bedeutet eine Aufkündigung der bevorzugten Stellung des Menschen. Gleich nach der Erschaffung hatte Gott ihn in den Garten gesetzt und zu dessen Pfleger und Hüter bestimmt; nun muß der Mensch die leichte Gartenarbeit im Paradies mit der beschwerlichen Bestellung des Ackerbodens vertauschen. Der ausdrückliche Hinweis auf seine Herkunft aus dem Ackerboden gibt dem neuen Auftrag einen Sinn. Denn jetzt erhält endlich auch die Erde, was sie braucht, nämlich jemanden, der sie bestellt.

Für den Menschen ist dieses Ergebnis wenig angenehm. Er kann sich aber nicht über eine ungerechte Behandlung beklagen, da er lediglich dorthin zurückkehrt, von wo er ursprünglich gekommen ist. Das Leben im Paradies war ein unverdientes Geschenk gewesen, auf das er als aus dem Ackerboden geformtes Geschöpf keinen Anspruch erheben konnte.

Die Eigenart des biblischen Textes

Es sei gerne zugestanden, daß am Ende dieser Darlegungen noch manches offen bleibt: War der Mensch bei seiner Erschaffung aus dem Staub der Erde zunächst geschlechtslos oder ein androgyner Zwitter? Wurde er erst zum Mann, als Gott aus seinem Leib die Frau formte? Was meint die Bibel konkret mit der Erkenntnis von «Gut und Böse»? Wie unterscheidet sich diese Erkenntnis von jener vor der Übertretung des göttlichen Verbots, als der Mensch schon imstande war, den Tieren Namen zu geben und die Frau mit der Schlange argumentieren und die Schönheit der verbotenen Früchte würdigen konnte? Und weiter: Was erkannten die Menschen nach dem Genuß der verbotenen «Frucht», ihre Geschlechtlichkeit oder ihre geschöpfliche Hinfälligkeit? Vor allem aber: Warum verhinderte der allmächtige Gott nicht eine Übertretung, die Mühsal und Tod und so viel Leid in die Welt bringen würde?

Solche und andere Fragen bleiben unbeantwortet. Man sollte allerdings nicht vergessen, daß die Paradieserzählung in einer symbolisch-mythischen Sprache verfaßt wurde, die ebenso viel verhüllt als offen legt. Man muß sich wohl damit abfinden, daß ein völlig durchschaubarer Text dem Rätsel der menschlichen Existenz niemals gerecht werden könnte.

Biblische Urgeschichte und Frühgeschichte der Menschheit

Die Erzählung vom Paradies gehört zur «biblischen Urgeschichte», die in den ersten elf Kapiteln des Buches Genesis von der Erschaffung der Welt, vom Sündenfall des ersten Menschenpaares, vom Brudermord Kains, von der Sintflut und dem Turmbau zu Babel berichtet. Anders als bei den Erzählungen über die Patriarchen, die daran anschließen, handelt es sich bei den in der Urgeschichte geschilderten Geschehnissen um lehrhafte, gleichnisartige Episoden, die die existentielle Situation des Menschen, seine Beziehung zu Gott und zur Schöpfung beschreiben wollen. Sie sind zeitlos gültig und ihre Protagonisten, Adam und Eva, Kain und Abel oder Noah, sind ebenfalls zeitlose «Stereotypen» und keine «Charaktere» wie die Gestalten Abrahams, Isaaks, Jakobs und Josephs im Rest des Buches, deren Geschichten vom Erzähler in einem geschichtlich bestimmbaren Umfeld angesiedelt wurden.

Da die Episoden der biblischen Urgeschichte die Grundgegebenheiten der *«condition humaine»*, wie sie gestern, heute und morgen anzutreffen ist, veranschaulichen wollen, können sie keiner historischen Epoche der Menschheitsgeschichte zugeordnet werden, schon gar nicht der Steinzeit. Es wäre deshalb ein grobes Mißverständnis, von ihnen Aufklärung über die vorgeschichtliche Entwicklung der Menschheit zu erwarten. Darüber fehlte den Verfassern der biblischen Texte jegliche präzise Information. Anstelle historischer Zeugnisse oder wissenschaftlicher Forschungen standen ihnen nur mythische Erzählungen und sagenhafte geschichtliche Erinnerungen zur Verfügung.

Eine Ätiologie der menschlichen Existenz

Fast alle Episoden der biblischen Urgeschichte gehören zu der in den alten Mythen, Sagen oder Fabeln häufigen Erzählgattung der Ätiologie (von gr. *aitia* = Ursache und *logos* = Kunde). Diese will Erklärungen anbieten für auffällige Naturerscheinungen, für kultische Institutionen (Sabbat und Opfer), für Personen- und Ortsnamen (Eva, Babel) oder die Verschiedenheit der menschlichen Sprachen.

Auch in der Paradieserzählung geht es um solch rätselhafte Dinge wie die Herkunft der großen, dem ganzen Erdkreis Leben spendenden Flüsse oder der Urgewalt der Liebe von Mann und Frau. Die wesentlichen Mühsale des menschlichen Daseins werden, anders als in einem philosophischen oder theologischen Traktat, in dramatischer Form durch eine szenische Abfolge von Verbot – Übertretung – Strafe begründet.

Die Formulierung beim Urteilsspruch über die Schlange: *«weil du das getan hast»*, ist typisch für Ätiologien, auch wenn sie natürlich im Erzählzusammenhang als Begründung für die über das Tier verhängte Strafe dient. Die Art der Strafe wirft die Frage auf, ob der biblische Autor wohl dachte, die Schlange sei vorher auf Beinen gegangen oder mit Flügeln geflogen. Vermutlich hat der biblische Erzähler eine der uralten ätiologischen Erzählungen übernommen, nach denen die Schlange wegen irgendeiner Verfehlung ihre Gliedmaßen verlor, obwohl sie ursprünglich, wie alle anderen Tiere auch, solche besaß, wie dies in der altorientalischen Ikonographie vielfach dargestellt ist. Auch bei der von der Bibel unterstellten Feindschaft zwischen Mensch und Schlange, die keine Parallele bei irgendeinem anderen Tier hat, dürfte ein ätiologischer Erklärungsversuch dahinterstehen. Denn von Ausnahmen abgesehen, die es bei jeder Regel gibt, haben die Menschen eine instinktive Abneigung gegen Schlangen, mag diese auch angesichts der Harmlosigkeit vieler Schlangenarten und ihrem handgreiflichen Nutzen für das ökologische Gleichgewicht der Natur irrational erscheinen. Der Grund für die Abneigung könnte in der Irritation liegen, die der aufrecht gehende Mensch beim Anblick der rätselhaften Bewegungsweise der Schlange empfindet, die sich lautlos und ohne einen erkennbaren Schwerpunkt durch das Gelände windet.

Auch bei der Rede von der Mühsal des Mannes handelt es sich um eine ätiologische Erklärung, warum die freundliche Erde, die Gott für den Menschen geschaffen hatte, dessen Anstrengungen so kärglich belohnt. Das gleiche gilt für den Spruch über die Frau. Ihre Unterwerfung unter den Mann galt offenbar nicht als eine Selbstverständlichkeit und die «Mühsale der Schwangerschaften» schienen der von

Gott den Menschen verliehenen Gabe der Fruchtbarkeit klar zu widersprechen.

Das Thema der Unsterblichkeit

Die biblische Paradieserzählung ist nicht nur eine Ätiologie für die Mühsale des menschlichen Lebens. Sie erklärt vielmehr, und sogar in erster Linie, warum der mit so vielen Vorzügen ausgestattete Mensch sterben muß. Es ist ein Thema, das in der altorientalischen Mythologie einen wichtigen Platz einnimmt. So reiste der durch das Sterben seines Freundes Enkidu von Todesfurcht ergriffene Gilgamesch zum Sintfluthelden Utnapischtim, dem die Götter Unsterblichkeit verliehen hatten, um von ihm das Geheimnis des ewigen Lebens zu erfahren. Er hörte dort von einem unsterblich machenden Kraut, das man aus der Tiefe des mythischen Apsu, jenes Süßwassermeeres, aus dem alle Gewässer der Erde gespeist werden, holen müsse. Indem er sich Steine um die Beine band, konnte Gilgamesch hinabtauchen, das Gewächs abschneiden und, nach Lösen der Steine von seinen Beinen, wieder zur Oberfläche aufsteigen. Als er jedoch auf dem Weg nach Hause einmal Rast machte und sich in einem Brunnen waschen wollte, wurde ihm das Kraut gestohlen: *«Eine Schlange roch den Duft des Gewächses. Verstohlen kam sie herauf und nahm das Gewächs. Bei ihrer Rückkehr warf sie die Haut ab»* (XI, 272–289). Der letzte Satz verweist auf den antiken Glauben, daß sich die Schlangen durch die Kraft des Krautes immer neu verjüngen und durch ihre ständig wiederholten Häutungen eine Art von Unsterblichkeit erlangen konnten. Es ist vielleicht kein Zufall, daß der Mensch auch in der Bibel durch die Schlange seine Chance verspielte, unsterblich zu werden. So könnte ihr überraschendes, in der Erzählung nicht weiter vorbereitetes Auftreten eine Erklärung finden.

Die Paradieserzählung im Christentum

Wer in der christlichen Tradition aufgewachsen ist, den mag es überraschen, daß das Alte Testament kaum jemals auf den «Sündenfall» im Paradies Bezug nimmt. Die hebräische Bibel weiß zwar um die «Bosheit des Menschen» und seinen «Hang zum Bösen» (Gen 6,5 und 8,21, ähnlich auch Ex 32,22 und viele Psalmen), sie macht sich keine Illusionen über die menschliche Natur, wie ein Blick in ihre geschichtlichen Schriften, in die Aussprüche der Propheten oder in die Spruchsammlungen zeigt. Doch nie wird die Verfehlung des ersten Menschenpaares als Quelle und Ursache des bösen Tuns genannt.

Im Christentum hingegen erlangte die Paradieserzählung eine überragende Bedeutung, da sie als Begründung für die Lehren von der Erbsünde und von Satan als dem Ursprung des Bösen in der Welt herangezogen wurde. Vor allem aber wurde sie durch ihren Bezug zu Tod und Auferstehung Jesu zu einem entscheidenden Eckpunkt im Verständnis der christlichen Heilsgeschichte.

Die Folge davon war ein extremes Interesse an allem, was mit dem Paradies zusammenhing. Davon zeugen die Werke unzähliger Theologen, nicht zuletzt auch vieler Dichter, die sich bis in die neuere Zeit mit dem Stoff beschäftigten. Sie ergingen sich in ausführlichen Erörterungen über das Aussehen des Mannes und der Frau, über ihr Alter bei der Erschaffung und über die Dauer ihres Aufenthaltes im Garten Eden, über die Sprache, die sie untereinander und im Umgang mit Gott gebrauchten, und nicht zuletzt auch über ihr Verhältnis zur Tierwelt. Auch machte man sich Gedanken über ihr Sexualleben und die Möglichkeiten der Erzeugung von Nachwuchs, und sogar über eine «paradiesische» Familien- und Gesellschaftsordnung, in der die Menschheit, wäre es nicht zur Sünde gekommen, gelebt hätte. Sogar die Suche nach dem Ort, an dem das verlorengegangene Paradies gelegen hatte, wurde wichtig, da seine historische Existenz und der Glaube an die Realität der Erbsünde voneinander untrennbar zu sein schienen.

Sündenfall und Heilsgeschichte

Die religiöse Dramatik des Christentums beruht zu einem guten Teil auf dem Gegensatz zwischen der von den Stammeltern der Menschheit im Garten Eden begangenen Verfehlung, welche die harte Bestrafung der ewigen Verdammnis forderte, und der Großartigkeit des Erlösungswerkes Christi, der die Strafe auf sich nahm und die Menschheit wieder mit Gott versöhnte.

Die «Erbsünde»

Zwar sehen auch die Juden die Daseinsweise des Menschen durch seinen Fehltritt im Paradies grundlegend verändert, da damit die Mühsal der menschlichen Arbeit und des Gebärens, vor allem auch der Tod, in die Welt kamen. Sie sind sich auch dessen bewußt, daß die Welt, so wie sie ist, der Erlösung bedarf, und sie erwarten, wie noch gezeigt werden wird, eine Auferweckung der Toten in eine neue, bessere Existenzweise. Für die Teilhabe daran ist jedoch das Verhalten des einzelnen während seines Lebens entscheidend, wie schon ein jüdischer Text aus dem 2. Jahrhundert nach Christus bekräftigt: *«Wenn Adam auch zuerst gesündigt und über alle den vorzeitigen Tod gebracht hat, so zog doch auch von den Kindern ein jedes selber auch die künftige Pein sich zu; es wählte jedes einzelne davon die künftige Herrlichkeit sich aus»* (SyrBar 54,15). Nach jüdischer Überzeugung kann der Mensch seinem Hang zum Bösen widerstehen und durch die getreue Erfüllung der Gebote Gottes sogar eine Neigung zum Guten entwickeln. Selbst wenn sogar der Fromme sich immer wieder verfehlt, so darf er doch auf die göttliche Barmherzigkeit zählen, eine Zuversicht, die sich nicht nur in den Psalmen, sondern auch in vielen jüdischen Gebeten bis heute ausspricht.

Nach christlicher Lehre hingegen bewirkte der Fehltritt des ersten Menschenpaares eine Schwächung – in der protestantischen Theologie sogar eine völlige Unfähigkeit – zum Tun des Guten im Menschen, die so weit geht, daß er von sich aus nicht mehr die Versöhnung mit Gott anstreben kann. Im Latein der Theologen spricht man von einem peccatum originale, was mit «Ur-Sünde» oder «Ursprungssünde» übersetzt werden kann, eine Ausdrucksweise, die in den romanischen Sprachen und auch im Englischen übernommen wurde. Im Deutschen hat sich das Wort «Erbsünde» eingebürgert, das leider eine biologische

Deutung suggeriert, nämlich eine Übertragung durch Zeugung oder gar durch die damit verbundene geschlechtliche Begierde. Für viele unter den modernen christlichen Theologen meint der Begriff der Erbsünde nichts anderes als die unleugbare Tatsache, daß jeder Mensch in eine Unheilssituation hineingeboren wird, die von Neid und Haß und den daraus fließenden gesellschaftlichen Ungerechtigkeiten bereits vorgeprägt ist und dadurch das Leben des einzelnen und die Menschheitsgeschichte bestimmt.

Die Identifizierung der Verführerschlange mit Satan

Aus dem Wortlaut von Genesis 3,1 wird nicht völlig klar, ob die Schlange nur eines der Tiere war, «die Gott gemacht hatte», oder ob sie den geschaffenen Tieren als etwas Besonderes gegenübergestellt ist. Die meisten modernen Ausleger neigen zur Interpretation, sie sei ein Geschöpf Gottes wie die anderen Tiere gewesen, mit der Begründung, daß das Buch Genesis auch sonst keinen Dualismus von übernatürlichen Akteuren kenne. Dem widerspricht zwar die Sprachbegabung der Schlange und ihre Schlauheit. Es könnte jedoch sein, daß die sprechende Schlange die dramaturgische Funktion einer inneren Stimme hat, die jene Aspekte der menschlichen Intelligenz repräsentiert, die man Mißtrauen oder Zweifelsucht nennen kann. Möglicherweise hat sich der sonst so präzise biblische Erzähler gerade hier bewußt unscharf ausgedrückt, um auf das unerklärbare Rätsel einer in der «guten» Schöpfung unzweifelhaft bestehenden Möglichkeit zu Boshaftigkeit und Unruhestiftung zu verweisen. Offenbar war für ihn der Mensch in seinem ursprünglichen Stand der Unschuld zwar fähig, eigene Entscheidungen zu treffen, brauchte aber, um Gebotsübertretungen zu erwägen, einen Anstoß, dessen Ursprung nicht näher begründet werden kann.

Ein Wandel in der Deutung der Schlange trat ein, als gewisse Strömungen im Judentum der Jahrhunderte vor der Zeitenwende das Böse in der Welt nicht mehr, wie sonst im Alten Testament, allein auf die «Bosheit des menschlichen Herzens» zurückführten, sondern seinen Ursprung mit einem Geschehen in der jenseitigen Engelwelt erklärten. Mehrere außerbiblische Schriften wußten zu berichten, Satan, ursprünglich der höchste der Engel, sei bei der Erschaffung der Welt in die Tiefe der Hölle gestürzt worden, weil er auf die Vorzugsstellung des Menschen oder – nach einer christlichen Version – auf die geplante Menschwerdung Gottes in Christus eifersüchtig war. Aus Neid hätte er dann in Gestalt der Schlange mit dem Versprechen «Ihr werdet wie Gott» die Frau getäuscht, um die Menschheit in seinen Sturz hineinzureißen. Dies wird in dem oben bereits zitierten Spruch aus dem Buch der Weisheit aufgegriffen, wenn es dort heißt: *«Durch den Neid des Teufels kam der Tod in die Welt»* (2,24). Damit wurde die letzte Verantwortlichkeit für das Böse in der Welt in einen transzendenten Bereich verschoben. Folglich konnte allein von dort die Heilung der verderbten Zustände erwartet werden, was in die christlichen Vorstellungen vom Sieg des Gekreuzigten und Auferstandenen über das Böse einmündete.

Ein solches Geschehen in der Engelwelt zu Beginn der Schöpfung wird offensichtlich an verschiedenen Stellen des Neuen Testaments vorausgesetzt (Lk 10,18; 2 Petr 2,4 und Jud 6), auch wenn davon im Alten Testament weder im Schöpfungsbericht noch anderswo die Rede ist. Die Geheime Offenbarung des Johannes berichtet sogar ausdrücklich von einem Kampf Michaels mit dem *«großen Drachen, der alten Schlange, die Teufel oder Satan heißt und die ganze Welt verführt. Der Drache wurde auf die Erde gestürzt und mit ihm wurden seine Engel hinabgeworfen»* (Offb 12,7–9).

Adam als Verderber – Christus als Erlöser

Für die Erbsündenlehre bedeutsam wurden nicht zuletzt auch die im Judentum der Zeit Jesu beliebten Spekulationen, nach denen das jeweils am Anfang einer Geschlechterkette stehende Glied das Geschick aller nachfolgenden Glieder bestimmt. Der Apostel Paulus sagt in seinem Römerbrief: *«Durch einen einzigen Menschen kam die Sünde in die Welt und durch die Sünde der Tod»* (Röm 5,12), und stellt damit eine Verbindung her zwischen Adams Verfehlung und der Erlösungstat Christi (Röm 5,12–21), des neuen Adam: *«Wie durch den Ungehorsam des einen Menschen die vielen zu Sündern wurden, so werden auch durch den Gehorsam des einen die vielen zu Gerechten gemacht werden»* (Röm 5,19). Mit anderen Worten: Wie durch Adam die Macht der Sünde und des Todes in die Menschenwelt Einlaß fand, so wird der Menschheit durch Jesus Christus eine neue Möglichkeit für Gerechtigkeit und Leben geboten.

Es ist umstritten, ob Paulus mit der obigen Formulierung unterstellte, daß die menschliche Daseinsweise auch in ihrer Fähigkeit zum Tun des Guten durch Adams Fehltritt grundlegend verändert wurde.

Jedenfalls sagte er andernorts im Römerbrief: «*Alle haben gesündigt und die Herrlichkeit Gottes verloren. Ohne Verdienst werden sie gerecht aus seiner [Gottes] Gnade, durch die Erlösung in Jesus Christus*» (3,23). Die Christenheit jedenfalls hat vornehmlich auf diese Paulusstellen ihre Erbsündenlehre gegründet, die zur Botschaft von der Notwendigkeit des Opfertodes Christi in einer engen Wechselbeziehung steht. Denn der universalen Unheilsbetroffenheit entspricht eine universale Erlösungsbedürftigkeit. Nur wenn die Menschheit in einer radikalen Gottesferne lebt, braucht sie einen Erlöser, der mehr ist als ein bloßer Mensch.

Konsequenterweise wurde dann auch der Urteilsspruch Gottes über die Schlange: «*Er* [d.h. der Same der Frau] *wird dir den Kopf zertreten*» (Gen 3,15) im Christentum als frühe Weissagung des Sieges Christi über das Böse gedeutet. Man sprach von einem «Proto-Evangelium», einer «ersten Frohbotschaft», und las in diese Bibelstelle die Weissagung vom Sieg Christi, des neuen Adam, über den Satan hinein, eine Meinung, die sich bereits bei Irenäus von Lyon findet, einem frühchristlichen Bischof und Schriftsteller, der etwa 130–200 n.Chr. lebte.

Eva als Verführerin – Maria als Retterin

Schon bald kam man dann zu einer noch weitergehenden Interpretation des Urteilsspruches über die Schlange: Man sagte, mit der Frau, deren Same/Nachkomme der Schlange den Kopf zertreten werde, sei Maria, die Mutter Christi, gemeint. In vielen alten lateinischen Bibelhandschriften und in der Vulgata-Übersetzung, dem offiziellen Bibeltext der westlichen Kirche, findet sich sogar die offensichtlich unrichtige Übersetzung: «Sie [d.h. die Frau] wird dir den Kopf zertreten». Die Deutung des Textes auf Maria hin wurde sehr populär und ist in viele kirchliche Dokumente eingegangen. Denn ähnlich wie Christus, der «neue Adam», wird Maria zur «neuen Eva» als das mütterliche Element, das zusammen mit Christus den neuen, wiedergeborenen Menschen in der Taufe hervorbringt, wie dies schon einige der frühchristlichen Autoren, z.B. der oben erwähnte Irenäus von Lyon, gesehen haben.

Die Eva des Paradieses hingegen galt als Urbild weiblicher Verführungskünste, obwohl der biblische Text nichts sagt über eine Verführung des Mannes durch Worte oder Taten der Frau, sondern nur über eine Verführung der Frau durch die Schlange. Wenn Gott dem Manne vorwirft, er habe auf die Frau «gehört» (Gen 3,17), so ist damit nach

6. Berthold Furtmayr und Werkstatt, *Eva, die Mutter der Sünde und des Todes, Maria, die Mutter dessen, der Gnade und Leben schenkt,* vor 1481

dem hebräischen Sprachgebrauch ein Gehorchen gemeint. Jedenfalls gibt der Text keinen Anhaltspunkt dafür, daß die Frau mit den listigen Worten der Schlange dem Mann gegenüber argumentiert hätte. Die im Deutschen manchmal gebrauchte Redeweise von der Frau als «Schlange», mit der auf eine angeblich typisch weibliche Verschlagenheit und Doppelzüngigkeit angespielt wird, hat im biblischen Text allein schon deshalb keinerlei Fundament, weil – anders als im Deutschen – im Hebräischen das Wort Schlange männlich ist.

Mutmaßungen und Spekulationen der Theologen

Weit mehr als von dem, was wirklich im biblischen Text steht, sind unsere Vorstellungen von den Lebensumständen im Paradies durch die Auslegungen und Ausschmückungen beeinflußt, die das Geschehen im Garten Eden innerhalb des Christentums fand. Die relativ spärlichen Angaben der Bibel über die Daseinsweise der Stammeltern während ihres Verweilens im Garten Eden ließen viele Fragen offen, auf deren Beantwortung zwischen der frühchristlichen Ära und dem Beginn der Neuzeit unendlich viel an Tinte und zuletzt auch an Druckerschwärze verschwendet wurde.

Der damit verbundene Aufwand an Phantasie und Geist mag heute müßig erscheinen. Trotzdem lohnt sich ein Blick auf die in unseren Augen häufig skurrilen Ergebnisse, welche die Überlegungen erbrachten. Besonders die Auffassungen über den unterschiedlichen Zustand des Menschen vor und nach dem Sündenfall blieben nicht ohne Einfluß auf das Bild, das man sich vom menschlichen Zusammenleben machte. Im Grunde sollte die Schilderung des heilen Urzustandes aufzeigen, wie der Mensch von Gott eigentlich geplant war und wie ihn die Erlösungstat Christi wieder herstellen wird.

Die Daseinsweise im Paradies

Man konnte sich die ersten Menschen nur frei von Gebrechen und Krankheiten und ausgestattet mit höchster körperlicher Vollkommenheit vorstellen. Adam sei, wie Christus, sechs Fuß (ca. 1,90 m) groß und von ebenmäßiger, ehrfurchtgebietender Gestalt gewesen. Nach einigen Autoren war Eva fast so groß wie Adam, nach anderen von mittlerer Größe, wie es sich für eine Frau geziemt, ihr Körper jedenfalls ebenso herrlich geformt wie der Marias, der künftigen Mutter Jesu. Viele Autoren schreiben ihr herrlich blondes oder kastanienbraunes Haar zu.

Luther, der dabei nur die allgemeine Auffassung der theologischen Tradition wiedergibt, schreibt in seinem Genesis-Kommentar, der Mensch habe zwar auch im Paradies essen und trinken müssen, aber sein Stoffwechsel habe nicht die jetzigen abstoßenden Begleiterscheinungen mit sich gebracht. Der Lebensbaum hätte bis zum schließlichen

Übergang von körperlichen zum geistigen Leben für eine ewige Jugend und ein Altern ohne Falten und Runzeln sowie für eine andauernde Zeugungskraft und Arbeitsfähigkeit gesorgt. Die Schärfe der Augen und der anderen Sinne sei im Vergleich zum jetzigen Zustand unvergleichlich größer gewesen. Luther folgt hier nur den Überlegungen, die schon vor ihm über das Erkenntnisvermögen und das Wissen Adams und Evas angestellt wurden. Da diese in der ständigen Gegenwart Gottes lebten und neben ihrer Arbeit genügend Zeit hatten, über alle geschaffenen Dinge Betrachtungen anzustellen, besaßen sie ein Wissen über die Natur, das unseres weit übertraf. Wie wäre Adam sonst imstande gewesen, alle Tierarten zu unterscheiden und ihnen kennzeichnende Namen zu geben? Auch hier wiederholt Luther nur die überkommene Lehre, wenn er meint, daß sie hochbegabt waren und ohne die mühevollen Methoden der jetzigen Wissenschaft und «ohne Papier und Tinte» eine Fülle von Kenntnissen ansammeln konnten.

Auch darüber, wie Gott sein Verbot, nicht von dem einen Baum zu essen, übermittelte, wurde viel diskutiert. Hörte Adam eine äußere Stimme oder vernahm er die Weisung innerlich? Auf die weitere Frage nach der Sprache, die Gott gegenüber Adam und das Menschenpaar unter sich verwendete, konnte die Antwort nur lauten: Hebräisch. Denn das Hebräische galt als die allgemeine Sprache der Menschheit bis zum Turmbau von Babel, in der ja später auch die Heilige Schrift verfaßt wurde. Im 17. und 18. Jahrhundert tauchten auch andere Vorschläge auf. Leibniz (1646–1716) plädierte, vielleicht nicht mit letztem Ernst, für das Cimbrische als der ältesten unter den germanischen Sprachen. Ein schwedischer Autor schlug seine Muttersprache vor, boshaft hinzufügend, daß die Schlange jedoch auf Französisch parlierte, zu seiner Zeit die Sprache der Höfe und der Diplomatie.

Desgleichen machte man sich Gedanken über den Umfang des Gartens Eden. Einige Autoren waren der Meinung, er habe die gesamte Erde umfaßt, die sich also als ganze eines paradiesischen Zustands erfreut hätte. Die meisten anderen, die an der Vorstellung von einem abgegrenzten Territorium festhielten, schlossen aus der Tatsache, daß in dem Garten große Ströme entsprangen, er müsse ziemlich groß gewesen sein, sogar von immenser Ausdehnung, um genügend Platz für eine wegen ihres Kinderreichtums und der Langlebigkeit ihrer Glieder immer zahlreicher werdenden Menschheit zu bieten, falls Adam nicht gesündigt hätte. Manche wandten allerdings dagegen ein, eine Gefahr der Übervölkerung habe nicht bestanden, da seine Bewohner nach einer gewissen Zeit ihres Daseins ohne Tod in den Himmel aufgenommen worden wären, um dort der beseligenden Anschauung Gottes teilhaftig zu werden. Auch wurde die Frage aufgeworfen, ob das Paradies in einer Ebene lag oder ob es von Tälern und Hügeln durchzogen war, wobei letzteres gewiß einen schöneren Anblick geboten hätte. Höhepunkte sind die lyrischen Schilderungen der Anmut des Gartens Eden im 16. und 17. Jahrhundert, etwa bei Torquato Tasso oder John Milton, auf die noch zurückzukommen sein wird.

Da der Müßiggang als aller Laster Anfang und als Quelle aller Sünden galt, betonten die Theologen gerne, daß der Mensch auch im Paradies zu arbeiten hatte. Seine Tätigkeit sei jedoch nicht nur ohne Mühen gewesen, sondern habe im Gegenteil sogar Vergnügen bereitet, nicht zuletzt, weil es sich um Gartenarbeit handelte, die schon von den antiken Autoren in ihrer Verherrlichung des Landlebens eher als lustvolle Tätigkeit denn als lästige Pein gepriesen wurde. Auch Milton hat das Thema aufgegriffen. Er gestand den Menschen allerdings eine gewisse Müdigkeit nach ihrem Tagewerk zu, meinte aber, sie gehöre zu den Freuden des Paradieses, weil das Ausruhen nach getaner Arbeit umso schöner ist (Paradise Lost IV 438–451).

Geschlechterdifferenz und Sexualität

Während die meisten Theologen annahmen, die leibliche Beschaffenheit des ersten Menschenpaares im Garten Eden habe sich vom nachparadiesischen Zustand nicht unterschieden, findet sich bei einigen der griechischen Kirchenväter, die in der platonischen Tradition standen, die Vorstellung, daß den Menschen vor dem Sündenfall eine ganz anders geartete Körperlichkeit eigen war, ein «pneumatischer» (geistlicher) Leib, transparent und voll (himmlischer) Herrlichkeit. Ihm hätten all jene unangenehmen Eigenschaften des jetzigen, endlichen Körpers gefehlt, wie das langsame Wachstum und Altern, der Zwang zum Essen und Schlafen oder der Stoffwechsel mit seinen unappetitlichen Ausscheidungen. Der Übergang von dem ursprünglich geistlichen Körper zum leiblichen Körper, der der Krankheit sowie dem Altern und Sterben unterworfen ist, sei im biblischen Text durch jene «Fellhäute» angezeigt, welche die Menschen von Gott nach dem Sündenfall erhielten (Gen 3,21). Daraus schlossen einige Theologen, daß die Menschen, wären sie im Paradies geblieben, dort für immer ohne

7. *Der hl. Augustinus lehrend inmitten seiner Schüler,*
Handschrift von «De Civitate Dei», 12. Jahrhundert

sexuellen Verkehr «wie die Engel» gelebt hätten. Gott habe, so meinten einige dieser Autoren sogar, zunächst gar keine Unterscheidung von Mann und Frau vorgesehen, die Notwendigkeit einer Frau sei ihm erst nach der Erschaffung Adams im Hinblick auf den bevorstehenden Sündenfall eingefallen, da der dann sterbliche Mensch sich nur durch geschlechtlichen Verkehr und Gebären reproduzieren konnte.

Augustinus (354–430) behauptete hingegen in der *Civitas Dei*, daß es in der ursprünglichen Schöpfung nicht nur die Unterscheidung von Mann und Frau gab, sondern daß es im Paradies, wären die Menschen darin geblieben, Geschlechtsverkehr und Reproduktion gegeben hätte, da sie auch dort dem göttlichen Auftrag *«Seid fruchtbar und vermehrt euch!»* (Gen 1,28) hätten gehorchen müssen. Doch mit dem Sündenfall sei die Begierde geweckt worden, die sich in den Genitalien konzentrierte: Der Mensch wurde «dem Vieh gleich und zeugt nun auch wie das Vieh». Im Paradies hätte der Verkehr ohne diese Begierde geschehen können, denn der Mann hätte seinen Samen auf eine rationale und deshalb leidenschaftslose Weise in die Frau gesenkt, «gerade so wie der Bauer die Saat ins Feld sät», eine Annahme, die als Ideal einer beherrschbaren Sexualität zum Zielpunkt der kirchlichen Sexualethik im Mittelalter wurde.

Die Theologen des Mittelalters folgten der Ansicht Augustins. Einige von ihnen wußten noch Genaueres darüber, wie der Verkehr auf jungfräuliche Weise ausgeübt werden konnte. So meint beispielsweise Alexander von Hales (um 1185–1245), der Koitus wäre ohne Zerstörung des weiblichen Hymens vollzogen worden, indem sich das männliche Glied der weiblichen Scheide näherte, aber seinen Samen außerhalb ausstieß, den Gott dann durch einen besonderen Akt in den Mutterschoß hineinbrachte. Andere Theologen, unter ihnen Thomas von Aquin, waren der Auffassung, der Verkehr hätte auch im Paradies auf normale Weise stattgefunden, zwar mit «gaudium» (innerer Freude), doch ohne «voluptas» (leidenschaftliches Vergnügen), so wie jetzt Hand, Zunge und Mund bei der Nahrungsaufnahme mit Genuß, aber unter Ausschluß einer die Vernunft ausschaltenden Passion kooperieren können. Zudem hätte der Verkehr wegen der fehlenden Leidenschaft viel seltener stattgefunden als jetzt, nur in Intervallen, den Notwendigkeiten der Reproduktion des Menschengeschlechtes entsprechend. Diese Auffassung von einem Verkehr der Gatten im Paradies ohne Begierde teilt noch Luther in seinem Genesis-Kommentar. Er meint, die Liebe des einen Geschlechts zum andern sei völlig rein von Begierde gewesen, die Frauen hätten ohne Schmerzen geboren und die Eltern bei der Erziehung der Kinder weder Ärger noch Mühe erfahren.

Man verteidigte allerdings die Ehe als eine von Gott von Anfang an gewollte Institution gegen die Verfechter einer «paradiesischen» Promiskuität, wobei man sich auf die Aussagen in Genesis 2,22–24 berief.

In der Frage der rechtlichen Gleichstellung der Frau waren einige Autoren der Ansicht, ohne Evas Sünde wäre die Frau eine gleichberechtigte Partnerin des Mannes geblieben, während die meisten darauf bestanden, daß sie bereits im Paradies dem Range nach unter dem Manne stand. In diesem Zusammenhang verwies man gern auf den ersten Timotheusbrief des Apostels Paulus, der den Vorrang der Männer in Predigt und Autorität damit begründet, daß «Adam zuerst erschaffen (wurde), danach Eva» (2,11–15), und man zitierte die berühmt-berüchtigten Stellen aus dem 1. Brief an die Korinther, in dem der Apostel Paulus sagt, die Frau sei nur der «Abglanz» des Mannes: *«Denn der Mann stammt nicht von der Frau, sondern die Frau vom Mann. Der Mann wurde auch nicht für die Frau geschaffen, sondern die Frau für den Mann»* (11,7–9). Deshalb blieb die Meinung als biblisch fundiert bis in die neueste Zeit Allgemeingut, der Mann habe von Anfang an einen höheren Rang besessen, weil er der stärkere und vernünftigere der beiden sei. Die Frau hätte sich ihm jedoch im Paradies freiwillig und in Liebe unterstellt, während sie ihm seit der Vertreibung aus dem Paradies nur noch widerwillig gehorche, weshalb Gott in weiser Voraussicht die rechtliche Abhängigkeit der Frauen von den Männern zum Gesetz erhob.

Eine ideale Gesellschaftsordnung

Da man unterstellte, daß sich die Menschen im Paradies, wäre es nicht zur Sünde gekommen, auch fortgepflanzt hätten, machte man sich Gedanken, wie dort das Zusammenleben einer zahlreich gewordenen Menschheit ausgesehen hätte. Die Kindererziehung jedenfalls wäre ohne Sorgen und Schwierigkeiten für die Eltern gewesen, da die Jugendlichen keine unvernünftigen Antriebe verspürt hätten, so daß für Vorwürfe oder gar Züchtigungen kein Bedarf gewesen wäre. Augustin meinte sogar, die neugeborenen Menschen wären sogleich nach der Geburt erwachsen geworden und mit Vernunft begabt gewesen, während andere Theologen glaubten, die Kinder wären auch im Paradies nur allmählich herangereift, wenn auch vielleicht schneller und ohne lange von der Muttermilch abhängig zu sein.

Was die politische Ordnung angeht, war für Augustin lediglich der Pomp, mit dem sich Könige und Fürsten in der gegenwärtigen Welt umgeben, eine Folge der Erbsünde. Doch hätte es im Paradies eine gewisse Staatlichkeit gegeben, weil das Leben in einem politischen Gemeinwesen der Natur des Menschen entspricht. Die Regierenden hätten allerdings nur Weisungen ausgesprochen und keine Gesetze mit Strafandrohungen erlassen. Denn der freie und bereitwillige Gehorsam unter die Autoritäten im Paradies sei von jenem Gehorsam zu unterscheiden, der nach dem Sündenfall durch Zwang herbeigeführt werden müsse.

Im Gegensatz dazu sahen die Reformatoren in den staatlich-politischen Einrichtungen ein erst nach dem Sündenfall von Gott wegen der verdorbenen Natur des Menschen verordnetes Heilmittel, dessen die Menschen im paradiesischen Urzustand nicht bedurft hätten. Der provokative Slogan der im Ausgang des Mittelalters gegen den Adel revoltierenden Bauern «Als Adam grub und Eva spann, wo war da der Edelmann?» wurde mit dem Argument abgewehrt, als Folge der Verfluchung Hams durch seinen Vater Noach (Gen 9,26) habe Gott in der nachparadiesischen Welt auch die Knechtschaft als Rechtsinstitut zugelassen.

Ein weiterer Diskussionspunkt war die Frage, ob das Paradies Eigentumsrechte kannte. Nach allgemeiner Meinung der Tradition konnte davon keine Rede sein. Erst zu Beginn der Neuzeit wurden einige Nuancen diskutiert: Gab es nicht zumindest Eigentum an dem von einem Individuum bebauten Grund und Boden oder an den persönlich geernteten Früchten? Sicher war man sich hingegen, daß das Paradies kein Eigentum an Menschen gekannt hätte, also keine Art von Knechtschaft und Sklaverei; Institutionen, die erst der verderbten Natur der Menschen nach ihrer Vertreibung aus dem Paradies entsprungen seien. Die Beantwortung gerade dieser Fragen hatte weitreichende Konsequenzen für die im Mittelalter und zu Beginn der Neuzeit von den Theologen geführten Diskussionen über die Rechtsinstitutionen der bäuerlichen Hörigkeit und des Sklavenhandels.

Das Alter des ersten Menschenpaares

Nach Augustinus und vielen späteren Autoren, die ihm in dieser Meinung folgten, erreichte der nicht von Eltern geborene, sondern aus Erde geformte Adam das Vollalter sogleich nach seiner Erschaffung. Manche nannten dafür ein Alter von 24 oder 30 und 33 Jahren, wie das Alter Jesu zu Beginn seines Auftretens bzw. bei seinem Tode. Noch andere vermuteten, Adam sei wie ein 40-, 50- oder gar 70jähriger in die Welt gekommen, im Anschluß an einige Autoren der Antike, die nur dem reifen Alter den Vollgebrauch des freien Willens zugestanden, da dann die Leidenschaften ihre bestimmende Kraft verloren hatten.

Über das Alter Evas war man sich wieder einig. Sie sei nämlich zehn Jahre jünger gewesen als Adam, wie dies dem idealen Altersunterschied zwischen Gatten entsprach.

Die Diskussion über das Alter des ersten Menschenpaares bei der Übertretung des göttlichen Verbotes hat eine weitreichendere Bedeutung, als es zunächst erscheint. Die frühchristlichen Theologen, wie etwa Irenäus, Ende des 2. Jahrhunderts Bischof von Lyon, haben das Menschenpaar im Paradies als ganz junge Menschen angesehen, wohl in Übereinstimmung mit der Auffassung des Judentums jener Zeit. Durch die Rückführung auf kindliche Unerfahrenheit wurde die Verfehlung in ihren Augen zwar nicht entschuldbar. Sie hatte jedoch nicht jenen hochdramatischen Akzent, der für die spätere christliche Auslegung seit dem fünften Jahrhundert vor allem unter dem Einfluß des Kirchenvaters Augustinus typisch wurde. Denn je schöner man das Dasein im Paradies darstellte und je mehr Gaben, Vorzüge und Kenntnisse man den Stammeltern zuschrieb, umso schrecklicher erschien der Ungehorsam gegenüber ihrem Schöpfer und umso gerechtfertigter erschienen die harten Strafen der Mühsale beim Gebären und bei der Arbeit und des Sterben-Müssens, vor allem aber auch der ewigen Höllenqualen, von deren Existenz das Buch Genesis noch nichts gewußt hatte, denen aber nach christlicher Lehre die Nachkommen Adams als Folge der Erbsünde verfallen waren. Nur wenn man unterstellte, daß Adam und Eva als erwachsene Menschen im Vollbesitz ihrer Urteilskraft gegen das göttliche Verbot rebellierten, um sich aus Stolz Gott gleichzusetzen, erschien ihre Schuld als eine ungeheuerliche Beleidigung der göttlichen Majestät, als ein geradezu titanenhafter Trotz, der voll Hochmut gegen Gott ankämpfte, wie dies in Predigt und Katechese nur allzu oft in den schwärzesten Farben gemalt wurde.

Der Friede zwischen Mensch und Tier

Nach Meinung der Theologen gehörte zum Glück der Menschen im Paradies, daß sie in vollem Einklang mit der Natur lebten, die keine Unbilden der Witterung kannte und keine giftigen, übelriechenden Pflanzen hervorbrachte und sogar die Rosen ohne Dornen wachsen ließ. Auch alle Tiere, sogar die wildesten, waren den Menschen freund und gehorchten ihnen aufs Wort. Als Begründung dafür zitierte man den Auftrag Gottes im ersten der beiden Schöpfungsberichte, der von der Erschaffung der Welt in sechs Tagen handelt: *«Sie sollen herrschen über die Fische des Meeres, über die Vögel des Himmels, über das Vieh, über die ganze Erde und über alle Kriechtiere auf dem Land»* (Gen 1,26 und ähnlich 28). Zwar ist in diesem Text nicht von einem Paradies die Rede. Man hat jedoch in der anschließend ergangenen Aufforderung Gottes an die Menschen und auch die Tiere, sich von den Pflanzen der Erde zu ernähren (Gen 1,29–30), einen Hinweis darauf gesehen, daß die Menschen ebenso wie die Tiere zunächst vegetarisch leben sollten – ein Gebot, das erst aufgehoben wurde, als der Mensch nach der Sintflut von Gott die Erlaubnis erhielt, Tiere zu töten (Gen 9,3). Daraus schloß man, in den Anfängen der Geschichte habe nicht nur Friede zwischen Mensch und Tier, sondern auch innerhalb der Tierwelt geherrscht. Der naheliegende Einwand, daß viele Tierarten nur auf Kosten anderer Arten leben und überleben können, dürfte auch dem biblischen Erzähler nicht entgangen sein. Aber das wechselseitige Töten um des Überlebens willen widersprach offenbar seiner Vorstellung von der ursprünglichen Harmonie der Schöpfung.

Ein solcher «paradiesischer» Urzustand wird vom Propheten Jesaja (11,6–8) beschrieben, wenn er seine Hoffnung zum Ausdruck bringt, es werde am «Ende der Zeit» eine Rückkehr zum Anfang der Schöpfung geben: *«Da werden die Wölfe bei den Lämmern wohnen, und die Panther bei den Böcken lagern. Ein kleiner Knabe wird Kälber und junge Löwen und Mastvieh miteinander treiben. Kühe und Bären werden zusammen weiden, daß ihre Jungen beieinander liegen, und Löwen werden Stroh fressen wie die Rinder. Und ein Säugling wird spielen am Loch der Otter, und ein entwöhntes Kind wird seine Hand stecken in die Höhle der Natter.»*

Skurrile Chronologien

Zum Abschluß dieses Rundblicks über eine uns heute doch sehr fremd gewordene Vorstellungswelt sei noch vermerkt, daß die Theologen schon seit Ausgang der Antike viel Scharfsinn darauf verwendeten, um herauszufinden, wann genau die Welt und das Paradies von Gott erschaffen wurden. Nach der hebräischen Bibel geschah es im Jahre 3760 vor der Zeitenwende, ein Datum, an dem der jüdische Kalender bis heute festhält. Die Berechnung beruhte auf den Angaben über die Lebenszeit der Nachkommen Adams, über die Sintflut und die Lebenszeit der Patriarchen, über die Zeit des Auszugs der Israeliten aus Ägypten, die Regierungszeiten der Könige sowie auf anderen Hinweisen, die sich in der Bibel finden. Da sich jedoch in der Septuaginta, der griechischen Übersetzung der hebräischen Bibel aus dem dritten oder zweiten vorchristlichen Jahrhundert, die bei den Christen bis in die Zeit der Reformation vorrangige Geltung hatte, teilweise auch andere Zahlangaben fanden, kam es bis hinein ins 17. Jahrhundert zu immer neuen Berechnungen. Sie setzten für den Zeitraum von der Weltschöpfung bis zur Geburt Christi eine Zahl von Jahren an, die zwischen 3928 und 4051 variierte.

Darüber hinaus versuchte man das Datum der Weltschöpfung sogar nach Monat, Tag und sogar Stunde genauer zu bestimmen, indem man die Angaben im biblischen Bericht über das Sechstagewerk (Gen 1) heranzog. In bezug auf den Garten Eden vermutete man, er sei sogleich nach der Trockenlegung der Erde am dritten Schöpfungstag, also an einem Dienstag, von Gott gepflanzt worden, während der Mensch am sechsten Tag, also einem Freitag, erschaffen wurde. Was den Monat angeht, unterstellte man, daß der Zeitpunkt der Erschaffung Adams dem der Empfängnis Jesu durch Maria entsprechen mußte, die am 25. März gefeiert wird. So kam man zu dem Schluß, daß Gott den Garten Eden an einem 22. März gepflanzt hatte, da dieses Datum drei Tage vor der Erschaffung des Menschen lag. Während der Frühling, in dem die Natur sich erneuert, nach dieser Version sowohl für das Entstehen der Erde wie auch für die Pflanzung des Paradieses besonders geeignet erschien, dachten andere Autoren an den Herbst, konkreter die Tag- und Nachtgleiche im September, wofür sprach, daß dann die Bäume ihre Früchte tragen. Was die Tageszeit angeht, zu der die Welt bzw. das Paradies und Adam erschaffen wurden, so variierten die Meinungen zwischen der Mitte der Nacht, dem frühen Morgen oder auch dem Abend.

Auch für den Zeitpunkt, an dem Adam von Gott ins Paradies gesetzt wurde, gab es mehrere Hypothesen. Nach der einen geschah es unmittelbar nach seiner Erschaffung, nach anderen verflossen mehrere Stunden oder Tage. Ähnliche Fristen werden unterstellt für den Zeitablauf bis zum Moment, an dem Gott das Verbot aussprach, vom Baum der Erkenntnis zu essen. Desgleichen machte man sich Gedanken über die Zeit, die Adam brauchte, um nach gebührender Reflexion die Tiere zu benennen. Man setzte dafür bis zu vierzehn Stunden an, an deren Ende Adam die schönsten Tiere zu sich lockte, um sie zu streicheln und zu liebkosen. Bald nach der schwierigen Arbeit der Benennung so vieler Tiere sei Adam aus Müdigkeit in jenen tiefen Schlaf gefallen, den

8. Lucas Cranach d. Ä., *Der Jungbrunnen*, 1546

Gott benutzte, um ihm eine Gefährtin zu bauen, die Gott dann nach einhelliger Meinung der Theologen sogleich dem Mann zuführte.

Über die Frage, welche Zeit dann bis zum Sündenfall verstrich, gingen die Auffassungen wieder auseinander. Nur wenige Autoren waren der Meinung, daß der Sündenfall noch am Tage der Erschaffung der Frau erfolgte. Die meisten vermuteten eine Woche oder vierzehn Tage, um dem Paar wenigstens etwas Zeit zu geben, das Leben im Paradies zu kosten. Einig war man sich wiederum hinsichtlich des Wochentages, an dem die fatale Übertretung erfolgte. Da der Erlöser nach den oben erwähnten Berechnungen an einem Freitag empfangen wurde und auch an einem Freitag, dem Karfreitag, am Kreuze starb, kam dafür nur dieser Tag in Frage. Was die Stunde angeht, in der Adam die verbotene Frucht aß, konnte es – wiederum in Parallele zu Jesu Sterben – nur der Mittag gewesen sein, da Jesus um diese Stunde als Konsequenz der Sünde Adams ans Kreuz genagelt wurde. Daraus ergab sich, daß Eva etwa um elf Uhr nach der Frucht gegriffen hatte und daß Gott am Nachmittag um drei Uhr, also jener Stunde, in der Jesus starb, im Garten erschien, um dem Menschenpaar sein Urteil zu verkünden. Das sei auch, so argumentierte man, die Zeit gewesen, in der im Orient nach der Mittagshitze eine kühle Brise aufkommt. Eine Stunde später, zeitlich parallel zur Abnahme Jesu vom Kreuz, wäre dann das Paar aus dem Paradies vertrieben worden.

Parodien des Paradieses: Schlaraffenland und Jungbrunnen

Gegen Ende des Mittelalters phantasierte man gerne von einem Schlaraffenland, in dem die gebratenen Tauben dem Trägen in den Mund fliegen und Faulheit als höchste Tugend gilt. Der Name dieses auch aus dem Grimmschen Märchen bekannten Landes leitet sich vom mittelhochdeutschen *slur* (Faulenzer) und *affe* (Affe = törichter Mensch) ab. Es war zu Ausgang des Mittelalters ein beliebtes Sujet literarischer Satiren, deren berühmteste sich im *Narrenschiff* des Sebastian Brant (1494) und im *Schlaraffenland* des Hans Sachs (1530) finden.

Es war eine ähnliche Säkularisierung der Bilder vom Paradies, wenn damals in der Literatur und Kunst die Wunschvorstellung von einem verjüngenden Bad in einem Wunderbrunnen auftauchte, der an die Stelle des die Erde belebenden Stromes im biblischen Garten Eden trat. Lucas Cranach hat diesen «Jungbrunnen» auf seinem Gemälde von 1546 anschaulich dargestellt: In einem Garten werden auf der einen Seite eines Wasserbeckens, das von einem kunstvollen Springbrunnen gespeist wird, auf Schubkarren, Tragbahren und Leiterwagen die gebrechlichen Alten herbeigebracht, von denen einige als nackte Männlein und Weiblein schon das Becken durchqueren. Andere steigen bereits, nun mit jungen, schlanken Leibern, auf der gegenüberliegenden Seite wieder heraus. Dort stehen für die Verjüngten geschmückte Zelte bereit, das Symbol für Liebe und Tändelei, sowie eine reich gedeckte Tafel unter den Bäumen des Gartens, an der man sich beim Spiel von Musikanten stärken kann.

Adam und Eva in Legende und Dichtung

Ausschmückungen der Paradiesgeschichte finden sich nicht nur in den Traktaten der Theologen. Schon die reiche außerbiblische Literatur des Judentums um die Zeitenwende hat den Stoff aufgegriffen. Ihre Schriften fanden, sehr oft in christlichen Überarbeitungen, im Mittelalter weite Verbreitung und wurden zu einer Quelle der Inspiration für vielerlei Epen und Dramen, bis hin zu umfangreichen Dichtungen im 16. und 17. Jahrhundert, deren bedeutendste John Miltons *Paradise Lost* ist.

Lilith

Wegen ihrer pikanten Thematik wird die uralte jüdische Sage von Lilith, Adams erster Frau, noch heute gerne erwähnt. Sie war wie er aus dem Staub erschaffen, wollte aber beim ehelichen Verkehr nicht unter Adam liegen und war auch sonst nicht bereit, sich ihrem Manne unterzuordnen, weshalb sie in einen Dämon verwandelt wurde. Erst danach habe Gott Eva aus Adams Rippe gebaut, wie es die Bibel berichtet. Doch als sich Adam dann im Alter auf seinen Tod vorbereiten wollte und anfing, zu fasten und sich des Nachts von seiner Frau fernzuhalten, habe sich Lilith zu ihm gelegt und aus dieser Verbindung unzählige Dämonen geboren. Seither erscheint sie oft schlafenden Männern im Traum, um sie zu verführen und aus ihrem Samenerguß dämonische Söhne und Töchter zu fabrizieren. Als schönhaarige und mit Schmuck behängte Verführerin tritt Lilith in der Walpurgisnacht in Goethes *Faust* auf.

Die Gestalt stammt aus dem babylonischen Volksglauben, wo Lilith als eine des Nachts umherschweifende Dämonin galt, die darauf aus war, kleine Kinder zu erwürgen. Sie wird auch in der Bibel beiläufig genannt, nämlich beim Propheten Jesaja in einer Schilderung der Verwüstung des Nachbarlandes Edom, wo unter den Trümmern der Häuser und Paläste zusammen mit den wilden Tieren nur noch Gespenster hausen: *«Lilith wird auch dort herbergen»* (Jes 34,14). Da in diesem Namen das hebräische Wort *lailah* für «Nacht» anklingt, entstand die Vermutung, Jesaja habe ein Nachtgespenst gemeint.

Heute wird die Gestalt der Lilith von manchen Psychologen als die dunkle, verleugnete Schwester Evas angesehen. Sie dient als Metapher für die Gleichwertigkeit und Gleichberechtigung der Frau, für ihren Anspruch auf eine lustvolle Sexualität, die unabhängig ist von der Rolle der Mutterschaft.

Das Leben Adams und Evas

Die *Vita Adae et Evae*, ein ursprünglich jüdischer Text, der im 4. Jahrhundert in einer christlichen Bearbeitung ins Lateinische übersetzt wurde, erfreute sich das ganze Mittelalter hindurch einer weiten Verbreitung. Darin wird berichtet, wie Adam und Eva nach ihrer Vertreibung aus dem Paradies sich harten Bußübungen unterziehen wollten, um ihre Verfehlung zu sühnen. Adam ging zum Jordan und Eva zum Tigris, um 40 Tage und Nächte in dem kalten Wasser zu bleiben. Satan, dem dies nicht gefiel, zeigte sich Eva nach 18 Tagen in der Gestalt eines Engels des Lichts und überredete sie, wieder aus dem Fluß herauszukommen. Adam erkannte die Täuschung, und Eva brach in Weinen aus. Als sie sich bei Satan beklagte, warum er sie so verfolge, begründete er seinen Haß damit, daß er einst aus dem Himmel vertrieben wurde, weil er sich aus Stolz weigerte, den gerade erschaffenen Menschen Adam zu verehren.

Eva erlebte dann, als sie mit Kain schwanger war, zum ersten Mal die Schmerzen bei der Geburt. Angesichts ihrer Not rief Adam zu Gott, der Engel schickte, die ihr ihren Zustand erklärten und sie segneten. Nachdem die Engel Adam vielerlei Sorten von Samen gebracht und ihm gezeigt hatten, wie er sie pflanzen sollte, um seine Familie von den Früchten zu ernähren, brachte Eva auch Abel zur Welt. Die Eltern machten den einen Sohn zum Ackerbauern und den anderen zum Hirten, um durch die Trennung ihrer Lebensbereiche zu verhindern, daß unter ihnen Feindschaft entstand. Doch vergeblich!

Auch Adam lernte die körperliche Schmerzen kennen, als er im Alter von 930 Jahren spüren mußte, daß sein Tod nahe war. Er schickte Eva und seinen dritten Sohn Set zum Tor des Paradieses, um dort um das schmerzlindernde Öl vom Baum der Barmherzigkeit zu bitten. Doch der Engel Michael sagte ihm, sein Vater werde erst von dem heilenden Öl erhalten, wenn Christus ihn einst ins Paradies führen wird. Nach Adams Tod sah Set, wie Michael den Vater in die Hände Gottes gab, wo er bleiben sollte bis zum Gerichtstag. Sechs Tage später starb auch Eva, die ihren Kindern zuvor noch auftrug, die Geschichte der Eltern auf Tafeln von Stein und Lehm aufzuzeichnen.

Das Kreuzesholz

Eine christliche Legende (wiedergegeben in der *Legenda Aurea* beim Fest der Kreuzauffindung) knüpft an an die oben genannte Schrift über das *Leben Adams und Evas*, die beschreibt, wie der alte und sterbenskranke Adam seinen Sohn Set zum Paradiesestor schickte, um dort für seine Genesung um das Öl vom Baum der Barmherzigkeit zu bitten. Set hätte aber vom Erzengel Michael statt dessen einen Zweig vom Baum der Erkenntnis erhalten, jenem Baum, an dem sein Vater einst im Paradies gesündigt hatte. Der Engel sagte dazu, aus diesem Holz werde Heilung erwachsen. Da Adam bei Sets Rückkehr bereits gestorben war, pflanzte der Sohn den Zweig auf des Vaters Grab, aus dem ein großer Baum wuchs.

Der aus Adams Grab gewachsene Baum soll dann zur Erhöhung der «ehernen Schlange» bei der Wüstenwanderung unter Mose (Num 21,4–9) gedient haben. Später sei er nach Jerusalem gekommen, wo Salomo ihn beim Bau des Tempels verwenden wollte. Da sich jedoch der Stamm nirgends einfügen ließ, legte man ihn als Steg über einen Wasserlauf. Als die Königin von Saba auf ihrer Reise zu Salomo zu dem Balken kam, hatte sie eine Vision über dessen künftige Rolle bei der Erlösung der Menschheit. Sie fiel nieder, verehrte den Stamm und durchquerte das Wasser neben dem Steg. In den folgenden Jahrhunderten, so erzählt man weiter, lag das Holz im Jerusalemer Teich von Betesda (vgl. Joh 5,7), wo es dessen Wasser immer wieder in Wallung brachte und dadurch viele Kranke, die dann hineintauchten, geheilt wurden. Als Christi Leiden herannahte, sei der Stamm schließlich an die Oberfläche gestiegen und zur Fertigung des Kreuzes verwendet worden.

Diese heute abstrus anmutende Legende ist ein recht anschauliches Beispiel für die in der christlichen Bibelauslegung der Antike und des Mittelalters übliche Methode der «Typologie» (von griech.: *typos* = Gestalt oder Vorbild). Dabei unterstellte man, daß bestimmte Personen oder Ereignisse im Alten Testaments als eine Art Voraus-Bilder im Neuen Testament ihre heilsgeschichtliche Erfüllung fanden. Ein anderes Beispiel wäre die schon erwähnte Wechselbeziehung Christi zu Adam und Marias zu Eva.

John Miltons Paradise Lost

Das *Leben Adams und Evas* inspirierte das ganze Mittelalter hindurch viele Autoren zu weiteren Ausgestaltungen des Stoffes, sei es in epischer Form, sei es als dramatisches Schauspiel. Im 16. Jahrhundert hat Hans Sachs darüber eine «Tragedia» geschrieben, unter den Dramatikern des Barock haben sich Lope de Vega (1562–1635) in *Die Schöpfung und die erste Schuld des Menschen* und der zu seiner Zeit erfolgreiche Dramatiker Joost van den Vondel (1587–1679) in seinem biblischen Schauspiel *Adams Vertreibung* daran versucht.

An der Wende zum 17. Jahrhundert entstanden einige große Dichtungen, in denen gesichtet und zusammengefaßt wurde, was die vorausgehenden anderthalb Jahrtausende zum Thema Paradies an Überlegungen hervorgebracht hatten. Zu nennen sind hier vor allem das Epos *Le Sette Giornate del Mondo Creato*, das Torquato Tasso (1544–1595) gegen Ende seines Lebens über die Welterschaffung verfaßte. Er war, wie nach ihm auch Milton, beeinflußt von dem heute vergessenen Guillaume de Salluste du Bartas (1544–1594), der in seinem noch von Goethe gerühmten Werk *La Sepmaine, ou Création du Monde* in hochpoetischen Versen die Kapitel 1 und 2 der Genesis darstellte und dafür nicht nur die lateinischen, sondern auch die griechischen Kirchenväter heranzog, die durch die Renaissance wieder bekannt geworden waren.

End- und Höhepunkt dieser Entwicklung ist John Miltons umfangreiches Epos *Paradise Lost*, das in zwölf Büchern mit jeweils über tausend Versen – aufbauend auf den Darstellungen seiner theologischen und literarischen Vorgänger – die biblische Paradieserzählung in einer zweifellos höchst einfallsreichen Weise dramatisiert. Originell ist beispielsweise im neunten Buch die Begründung, warum Eva sich von der Schlange täuschen ließ. Sie wundert sich nämlich darüber, daß das Tier sprechen kann und zu einer vernünftigen Rede fähig ist. Als die Schlange behauptet, sie habe diese Gabe durch den Genuß gewisser Früchte erhalten, wird die Frau neugierig und läßt sich zu dem Baum führen. Dort bietet die Versucherin alle Redekünste auf, den Widerstand Evas zu überwinden, wobei sie gegen deren Angst, sterben zu müssen, das gewichtige Argument vorbringt, es habe sich ja gezeigt, daß sie, die Schlange, auch nach dem Genuß der Früchte am Leben geblieben sei. Ähnlich geschickt wird Adams Reaktion erklärt. Trotz seiner Bestürzung über Evas Fehltritt, der sie dem Tod überantwortet, will er aus übergroßer Liebe zu seiner Gattin mit ihr zugrunde gehen, und er ißt ebenfalls von der Frucht. Milton beendet den Abschnitt damit, daß das vorher so eng verbundene Paar sich nun in Zank und Streit und wechselseitigen Vorwürfen über das Geschehene ergeht.

Er beschreibt mit lyrischer Kraft das Paradies als den *«glücklichen Bezirk der ländlich schönen Mannigfaltigkeit»*. In ihm befanden sich *«weites Rasengrün und sanftgewellter Höhen ebene Flur mit Äsenden auf zarter Kräuterweide ...»*, und man sah *«der Blumen bunte Zier, und Rosen ohne Dornen»* (IV 332–357). In der poetischen Schilderung eines Spaziergangs des ersten Menschenpaares im Paradies kommen auch die Vorstellungen von einem ursprünglich friedlichen Umgang der Menschen sogar mit den wilden Tieren zur Geltung: *«Es spielte um sie her der Erdentiere munteres Gewimmel ... der Löwe tollte da mit Lust und spielte / mit einem Böcklein lieb in seiner Pranke, / und Bären, Tiger, Unzen* [Schneeleoparden], *Pardel / tanzten vor ihnen her; / der schwere Elefant / verwandte seine ganze Kraft daran, / sie zu erfreuen mit leichtem Rüsselschwung»* (Paradise Lost IV 456–469).

Zwar betonte Milton mehrfach in höchst poetischen Worten die ideale Gattenliebe, die zwischen Adam und Eva vor dem Fall herrschte. Doch übernahm er als selbstverständlich die Überzeugung der Theologen, daß die Frau von Anfang an, also nicht erst als Strafe für den Sündenfall, eine mindere Stellung einnahm als der Mann. Er behauptet beispielsweise: *«Ob sie auch beide zwar, wie ihr Geschlecht nicht gleich erschien, nicht gleich erschaffen waren: Er nämlich für Gedankenkraft und Mut, zur Sanftmut und zum süßen Liebreiz sie. Er nur für Gott, und sie für Gott in ihm»* (IV 396–416). In Evas *«unaufgebundenem und in Kräuselringeln lustig gewelltem»* Haar, sieht Milton *«ein Zeichen ihrer Unterwerfung, die, / von sanfter Überlegenheit gefordert, / von ihr geleistet wird, von ihm empfangen / als beste Gabe, die sie züchtiglich / ergeben gibt, in demutsvollem Stolz / und süßer Frist verliebten Widerstrebens»*.

Noch deutlicher wird Milton an anderen Stellen (IV 592–605), in denen er Eva Worte in den Mund legt, die uns heute eher komisch anmuten. Als Adam sie einmal auffordert, mit ihm Gott zu preisen für die Lust, die ihm durch ihre Mitarbeit bei der Pflege des Gartens erwächst, erwidert sie demütig: «*... mein Haupt und Lenker, ... der du um so vieles überlegen bist, / derweil du deinesgleichen für dich selbst / niemanden findest zum Gefährten*» – letzteres in klarem Widerspruch zu Gottes Absicht bei der Erschaffung der Frau. (Ähnlich IV 846–850).

Ein Echo dieser Verse Miltons findet sich übrigens in Haydns Oratorium *Die Schöpfung* von 1798, wenn Eva beim Lustwandeln mit Adam im Paradies zu ihm sagt: «*O du, für den ich ward. / Mein Schirm, mein Schild, mein All! / Dein Will' ist mir Gesetz. / So hat's der Herr bestimmt, / Und dir gehorchen bringt / mir Freude, Glück und Ruhm.*»

John Miltons *Paradise Lost* hat wie kaum eine andere Dichtung die Vorstellung der nachfolgenden Generationen beeinflußt. Aus der Folgezeit dürfte keines der immer noch zahlreichen Werke, die sich am Thema Paradies versuchten, besonderer Beachtung wert sein. Das gilt schon für das in unseren Tagen wohl schwer genießbare biblische Trauerspiel *Der Tod Adams* von Klopstock (1724–1803). Eine Reihe heute längst vergessener Autoren ging im 19. und 20. Jahrhundert mit neuen Aspekten an den Stoff heran. Als Folge der Aufklärung interpretierten einige die Verfehlung des ersten Menschenpaares nicht mehr als Sündenfall, sondern als den Übergang des Menschen von einem tierähnlichen zu einem vernünftigen Zustand, was aber eine packende Dramatik wohl von vorneherein ausschloß. Auch erotische und humoristische Ansätze fehlten nicht, die aber schnell in die Banalität abglitten.

Die Paradies-Symbolik in der Kunst

In frühchristlichen Darstellungen erscheint das Paradies in Anlehnung an die antiken Vorstellungen vom Elysium als bukolisches Idyll, oder es wird durch Gartenmotive versinnbildlicht, wie Blumengirlanden und bunte Vögel. Später wird es gerne als eine mit Bäumen bestandene und von Wasserläufen durchzogene weiträumige Landschaft gesehen, auf deren Wiesen nicht selten phantastische Tiere, etwa der Vogel Phönix oder das Einhorn, weiden oder Hirsche aus einem Quell trinken, in Anspielung auf Psalm 42: «*Wie der Hirsch lechzt nach frischem Wasser, so dürstet meine Seele, Gott, nach dir*».

Im Mittelalter und im Barock entstanden unzählige Gemälde mit Szenen aus dem Garten Eden. Besonders häufig wurden die Erschaffung Adams aus dem Ackerboden und diejenige Evas aus der Seite des

Mannes, das Menschenpaar im Garten inmitten der Tiere, die Versuchung Evas durch die Schlange und die Vertreibung aus dem Paradies dargestellt. Aber auch das Thema der Buße der Stammeltern oder Szenen aus den Legenden um Adams Tod fehlen nicht.

Die Stammeltern

In der Ostkirche gelten Adam und Eva als Heilige, da sie durch ihre Verfehlung die Erlösung erst möglich gemacht hatten. Sie werden deshalb meist mit einem Nimbus (Heiligenschein) ausgestattet, was im Westen nur selten geschieht. Dort wird ihrer zwar nicht mit einem eigentlichen Fest gedacht, doch vermerkt der kirchliche Kalender ihre Namen am 24. Dezember.

Darstellungen Adams und Evas finden sich seit dem 3. Jahrhundert in einigen Katakomben sowie auf einem um 200 nach Christus entstandenen Mosaik in der Synagoge von Dura Europos (Syrien), mit Beginn des Mittelalters in unzähligen Bibelillustrationen, auf den Reliefs der Bronzetüren und der Skulpturzyklen über den Kirchenportalen und in den Glasfenstern der Kathedralen. Skurril wirkt manchmal die Wiedergabe der Erschaffung Evas aus der Seite Adams. Sie wird gelegentlich als eine ekstatische Schau des schlafenden Adam gedeutet, der Eva in einem Traumgesicht erblickt, während im *Scivias* der Hildegard von Bingen Eva als weiße Wolke aus der Seite Adams heraustritt. Die Szene, wie Gott dann die Frau dem Manne zuführt, wird gerne als Sinnbild der Ehe mit großer Feierlichkeit wiedergegeben. Im Zusammenhang mit dem Hochzeitsbrauchtum stehen meist auch die Anspielungen auf Adam und Eva in der Volkskunst.

Es gibt Darstellungen von Adam inmitten der Tiere, in denen er mit Anklängen an Orpheus auch als Herr der Tiere oder als Hirt gesehen wird. Mit dem Totenschädel und den Totengebeinen, die man häufig am unteren Rand der Kruzifixe erkennen kann, wird auf die Erlösung Adams durch das herabfließende Blut des Gekreuzigten angespielt. Nach der Legende wurde nämlich Adam einst am Hügel von Golgota begraben, also an der Stelle, an der Christus am Kreuz sterben sollte.

Die Schlange

Meist wurde sie in ihrer zoologisch mehr oder weniger korrekten Form dargestellt, im Mittelalter zunehmend auch in Phantasieformen, etwa als Drache. Wenn sie in einigen Darstellungen der Versuchungsszene aufrecht dasteht, mit Ansätzen von Gliedmassen, so soll dies auf ihre spätere Verurteilung zu einer kriechenden Weise der Fortbewegung hinweisen. Nicht selten besitzt die Schlange auch den Kopf einer Frau, deren Gesichtszüge denen Evas ähneln, worin man eine List des Teufels sah, der erwartet habe, daß Ähnliches einander anzieht. Bekannte Beispiele dafür sind die Fresken von Michelangelo in der Sixtinischen Kapelle und von Raffael in der Stanza della Segnatura. Gelegentlich hat die Schlange auch zwei Köpfe oder sogar einen Cupido-Kopf, wenn die Sündenfallszene, wie manchmal in der Renaissance- und Barockmalerei, eine betont erotische Note erhält.

Vielen Christkind- oder Kreuzesdarstellungen ist die Schlange als ein Attribut beigefügt, um den Sieg Christi über Satan zu symbolisieren. Gerne wird auch Maria auf der Mondsichel stehend und der Schlange den Kopf zertretend gezeigt. Sie erscheint damit als Siegerin über Satan und den Tod, die nur in den irdischen Sphären unterhalb des wechselnden Mondes, des Sinnbilds der Vergänglichkeit, ihre Macht ausüben können.

Die Bäume, der Strom und die vier Flüsse

Während die altorientalischen Darstellungen des Lebensbaums meist an eine Dattelpalme erinnern, hat sich für den Baum der Erkenntnis in der abendländischen Malerei die Vorstellung von einem Apfelbaum eingebürgert, vielleicht weil *malum* (mit langem *a*), die lateinische Bezeichnung für diese in Europa weit verbreitete Obstsorte, an das ähnliche Wort *malum* (mit kurzem *a*) für «böse/schlecht» erinnert. Beliebt war das Axiom: «Malum ex malo», da es eine zweifache Übersetzung erlaubte: «Aus Bösem erwächst Böses» oder «Das Böse kam vom Apfel».

Der biblische Text selbst sagt allerdings nichts über die Art der Frucht, von der das erste Menschenpaar aß. Die jüdische Überlieferung dachte eher an einen Feigenbaum, da sogleich nach dem Genuß der Frucht von Feigenblättern als Bekleidung die Rede ist. Aber auch der Weinstock wird genannt, in Anspielung auf die den Verstand ausschaltende Kraft, die mit ihm assoziiert wird. Von der Erwähnung der Feigenblätter hat sich die Kunst inspirieren lassen und solche in Zeiten der Prüderie an Stelle der menschlichen Geschlechtsteile auf Gemälden und an Skulpturen angebracht. Daraus entstand die sprichwörtliche Redensart, sich zur Tarnung einer Schwäche oder Fehlleistung «ein Feigenblatt umzuhängen».

9. *Personifikationen der Paradiesflüsse,* Relief in Chartres, 12.–13. Jahrhundert

Seit dem 4. Jahrhundert sind Darstellungen nachweisbar, welche die Flüsse des Paradieses als vier Wasserzungen zeigen, die aus dem Boden quellen. Im Mittelalter wurden sie manchmal, etwa auf Taufbecken, in vier Männern personifiziert, die Gefäße halten, aus denen Wasser strömt.

Kreuzgang und Klostergärten

Auf mittelalterlichen Gemälden und besonders in der Buchmalerei findet sich häufig ein stilisiertes «Paradiesgärtlein» mit einer gotischen Brunnenarchitektur in der Mitte und umgeben von einer Mauer mit

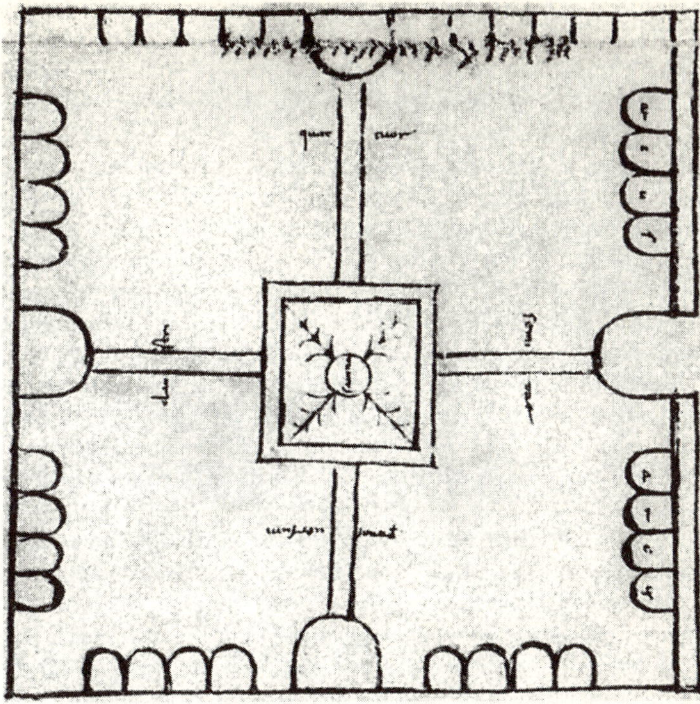

10. *Großer Kreuzgang der Klausur*, St. Gallener Klosterplan, 816

Türmen und einem Tor (*hortus conclusus* = verschlossener Garten). Damit wurden bereits Motive aus der Ikonographie des «himmlischen Jerusalems» der Geheimen Offenbarung des Johannes integriert, so daß nicht immer ganz klar ist, ob das einstige oder das künftige Paradies gemeint war.

Auch der Kreuzgang in den Klöstern, ein zur Meditation anregender Innenhof, um den auf der einen Seite die Kirche und auf den anderen Seiten die Gemeinschaftsräume der Mönche (Kapitelsaal, Refektorium, Schlafsaal oder Zellen) gruppiert sind, wurde als Symbol des Paradieses gesehen. Schon die ähnlich gestalteten Vorhöfe der altchristlichen Basiliken hatte man übrigens «Paradies» genannt, eine Bezeichnung, die sich beispielsweise am Essener Münster noch erhalten hat.

Der deutsche Name für den Kreuzgang kommt vermutlich von den Kreuzprozessionen, die in den eingrenzenden Bogengängen stattfanden. Treffender sind jedoch die englischen und französischen Ausdrücke dafür: *cloister* und *cloître* (von lat. *claudere* = einschließen, woher auch *claustrum* für Kloster kommt). Denn es handelt sich eigentlich um einen von Säulengängen umschlossenen Garten. Dessen quadratische Form, durch sich überkreuzende Wege oder Wasserläufe in vier gleich große Rasenstücke mit Büschen und Blumenhecken aufgeteilt, verweist auf die Vollkommenheit einer paradiesischen Welt. Der Brunnen in der Mitte symbolisiert den Strom, der die vier Flüsse speist, die vom Garten Eden ausgehen und den Erdkreis bewässern.

Aber auch in den übrigen Klostergärten wurde die Erinnerung an den Garten Eden beschworen. Im noch erhaltenen «Sankt Gallener Klosterplan», einem im ersten Drittel des 9. Jahrhunderts gezeichneten Grundriß, besitzen wir ein Muster, das für die in den folgenden Jahrhunderten entstandenen Klosteranlagen typisch ist. Darin nehmen die Obst- und Gemüsegärten, alle umzäunt oder ummauert, einen großen Raum ein. Auffällig ist an dem Plan seine aus der Antike ererbte Zahlensymbolik: Der Gemüsegarten ist in achtzehn, der den Heilpflanzen gewidmete Kräutergarten in sechzehn Beete aufgeteilt, was als Quersumme die heiligen Zahlen 9 bzw. 7 ergibt. Die Neun erinnert an die neun Chöre der Engel, die Sieben an die vom Himmel kommende Segenskraft, während die Vierecke der Beete und die Anordnung der 4 x 4 Kräuterbeete auf die in der Zahl Vier symbolisierte Kraft der Erde verweisen.

Der Obstgarten, durch den Wechsel von der Winterruhe zur Frucht im Sommer und Herbst ein Sinnbild der Auferstehung, diente zugleich als Friedhof für die Mönche, weshalb in der Mitte der Baum- und Gräberreihen als Abbild des paradiesischen Lebensbaumes ein Kreuz errichtet ist. Die Gartenarbeit der Mönche erhielt damit ein kontemplatives Element, das sowohl auf die von Gott im ursprünglichen Paradies intendierte Vollkommenheit der Schöpfung als auch auf die künftige Herrlichkeit im Himmel hinwies.

Der marianische Paradiesgarten als hortus conclusus

Das Bild vom verschlossenen Garten mit seinem Brunnen und seiner Pracht an Blumen und Früchten stammt aus dem Hohenlied der

11. *Garten des Hohenliedes mit Christus und Ecclesia als Bräutigam und Braut,* Holzschnitt aus einem niederländischen Blockbuch, um 1500

Bibel. Es benutzt die in allen Kulturen verbreitete Symbolik der Frau als Garten oder als Brunnen, wenn es den Bräutigam die Geliebte mit einem Lustgarten (hebr.: *pardes*, also Paradies) vergleichen läßt: «*Ein verschlossener Garten ist meine Schwester Braut ... Ein Lustgarten sproßt aus dir, Granatbäume mit köstlichen Früchten, Hennadolden, Nardenblüten, Narde, Krokus, Gewürzrohr und Zimt, alle Weihrauchbäume, Myrrhe und Aloe, allerbester Balsam. Die Quelle des Gartens bist du, ein Brunnen lebendigen Wassers ...*» (Hld 4,12–15).

Das Hohelied, der *Canticus Canticorum* (= Lied der Lieder, also «das Lied schlechthin»), ist eine Sammlung von Gedichten, in denen zwei Liebende sich begegnen und wieder verlieren, sich suchen und erneut finden. Der Geliebte wird «König» oder Salomo genannt, der auch in der Überschrift als Verfasser angegeben wird, während die Geliebte Schulammit heißt, nach der weiblichen Form des Namen Salomo, was vermutlich meint: Salomo zugehörig. Da die Dichtung nur von leidenschaftlicher Liebe redet und Gott in ihr nicht vorkommt, mag ihre Aufnahme in die Heilige Schrift Verwunderung erregen. Erklärbar ist es durch die frühe, schon im Judentum des zweiten vorchristlichen Jahrhunderts einsetzende allegorische Auslegung, die in den Liedern eine verhüllte Darstellung der wechselvollen Beziehung zwischen Gott, dem Bräutigam, und dem Volk Israel als der Braut sah. Diese Allegorie wurde schon von den frühen christlichen Schriftstellern aufgenommen und als Bild der mystischen Hochzeit zwischen Christus und der Kirche oder der Seele mit Gott umgedeutet. Seit dem 4. Jahrhundert wird dann die Braut gern mit Maria identifiziert und schon bald mit dem Paradies gleichgesetzt, da die aufkommende Marienmystik im «verschlossenen Garten» des Hohenlieds eine Anspielung auf die Jungfräulichkeit Mariens sah.

Daraus entwickelte die Kunst des 15. Jahrhunderts vielerlei Darstellungen in der Buchmalerei und auf Altargemälden, in denen Maria, allein meditierend oder mit ihrem Kind, in einem von einem Zaun, einer Rosenhecke oder einer Mauer umgebenen Garten sitzt. Der blumenbedeckte Rasenteppich zu ihren Füßen und die Sträucher im Hintergrund verweisen auf ihre Vorzüge: Weiße Rosen und Lilien sind Sinnbild ihrer Reinheit, rote Rosen ihrer vollkommenen Gottesliebe; die Veilchen sind, da sie am Boden bleiben, Sinnbild ihrer Demut, deuten aber zugleich durch die Purpurfarbe auf die Erhöhung der niederen Magd zur Himmelskönigin hin; fast nie fehlt die Akelei, im Volksmund auch «Täuberl» genannt, deren tiefes, ins Violett spielende Blau an die Gaben des Heiligen Geistes gemahnt; die Nelken («Nägerl» in manchen Dialekten) erinnern an die blutigen Nägel, welche Hände und Füße ihres Sohnes durchbohrten und die spitzen Blätter der Schwertlilie an die Schmerzen, die das Herz der Gottesmutter bei dessen Passion durchdrangen. Oft sieht man auch Schnee- oder Maiglöckchen, die in der Natur den Beginn des Frühlings anzeigen, als Sinnbilder der Auferstehung sowie die Erdbeere als Symbol der reinen Mutter, da sie zugleich blüht und Frucht trägt.

Unter all diesen liebevoll und naturgetreu gemalten Blumen kann man nicht selten auch Heilpflanzen erkennen, besonders Salbei, Minze und Fenchel. Sie verweisen auf die lebenspendende Kraft der Gewächse im Paradies und auf die Helferrolle Mariens als «wundersame Apotheke» in den Gebrechen des Alltags. Nicht umsonst findet man noch heute in fast jeder Stadt eine Marien-Apotheke und an vielen Bauernhäusern das «Gewürzgärtlein», in dem die Bäuerin neben der Blumenpracht auch ihre Hausmittel gegen alle Arten von Krankheit heranzieht und eine Probe daraus zum Fest Mariä Himmelfahrt in einem Körbchen zur Kirche bringt.

Die Suche nach dem historischen Paradies

Für die christlichen Theologen hatte der Garten Eden einst an einem konkreten Ort auf dieser Erde gelegen. Nur einige unter den Kirchenvätern wollten ihn im Himmel lokalisieren und die biblischen Angaben allegorisch deuten, beispielsweise als Sinnbild des vollkommenen Lebens mit den vier Flüssen als den Kardinaltugenden. Derartige Ansätze finden sich im 1. Jahrhundert n. Chr. beim jüdischen Autor Philo von Alexandrien oder später bei Origenes (gest. um 252–254), der zwar die Existenz des Gartens nicht leugnen wollte, sich jedoch fragte, ob man einen Bericht wörtlich verstehen dürfe, in dem Gott wie ein Bauer Bäume pflanzt. Meist suchte man jedoch die wörtliche mit einer mystischen Deutung zu vereinbaren. Berühmt wurde die Auffassung Augustins, der einerseits den Vorrang des «buchstäblichen Sinnes» vor der allegorischen Erklärung betonte, andererseits aber das Paradies als die Kirche, die vier Ströme als die Evangelien, die Bäume als die Heiligen, den Lebensbaum als Christus und den Baum der Erkenntnis als den freien Willen des Menschen deutete (De civitale Dei XIII 21).

Versuche der Lokalisierung

Meist war man der Meinung, daß das Paradies, das heile Zentrum der Welt, irgendwo weiterexistiere. Über seine geographische Lage gab es zwei Auffassungen. Die eine beruhte auf der uralten Vorstellung von der Erde als einer Scheibe, die vom Wasser des Ur-Ozeans umgeben ist. Die andere folgte bereits dem Weltbild des griechischen Geographen Ptolemäus aus dem 2. Jahrhundert n. Chr., der die Erde als eine Kugel sah.

Nach der älteren Meinung gab es jenseits des Urozeans, der die Erdscheibe umschließt, noch eine äußere Erde, auf der das Paradies seinen Platz fand. Dies wurde beispielsweise im 6. Jahrhundert von Kosmas Indikopleustes, einem weitgereisten Händler, der Mönch wurde, in seiner *Christlichen Topographie* vertreten. Kosmas polemisierte gegen die in seinen Augen heidnischen Ansichten des Ptolemäus und behauptete, nach Adams Sünde hätten dessen Nachkommen weiter auf jener Erde gelebt, die aber schwierig zu bearbeiten und voller wilder Tiere war, bis

Noach während der Sintflut in 500 Tagen auf seiner Arche den äußeren Ozean überquerte und auf diese Weise auf die jetzt von den Menschen bewohnte Erde gelangte. Ein anderer Autor, der noch von den Bibelkommentatoren im 16.–18. Jahrhundert viel benutzt wurde, war Moses Bar Kephas, um 900 Bischof von Mossul (heute Irak). Nach ihm lag das Paradies ebenfalls jenseits des Ozeans, höher als die höchsten Berge, so daß die Wasser der Sintflut nur bis zu seinen Füßen reichten.

Diese von vielen christlichen Autoren geteilte Vorstellung brachte natürlich die Frage mit sich, wie die vier Flüsse aus dem jenseits des großen Ozeans gelegenen Paradies auf die uns bekannte Erde kommen können. Man fand jedoch die Erklärung, daß sie dabei den Ozean auf einem unterirdischen Weg durchquerten, bevor sie an den vier Enden der Erde als Quellen wieder auftauchten. Oder man meinte, der ursprünglich eine Strom des Paradieses ergieße sich mit seinem süßen Wasser in den salzigen Ozean, werde dort aber durch die Sonne verdunstet, so daß Wolken und Regen entstehen, welche dann die Quellen der vier Flüsse hervorbringen.

Was diese Flüsse angeht, so hatte schon der jüdische Geschichtsschreiber Flavius Josephus (37/38 – um 100 n. Chr.), der wohl die Meinung des damaligen Judentums wiedergibt, neben Eufrat und Tigris den Ganges in Indien sowie den Nil, der Ägypten durchfließt, genannt (Antiquitates, 1,1,3). Diese Identifizierung wurde in der Folge meist beibehalten, gelegentlich trat auch die Donau an die Stelle des Ganges. Der Ritter Jean de Joinville, der Ludwig den Heiligen auf dem siebten Kreuzzug nach Ägypten begleitete, erzählt in seiner Vita des Königs, er habe dort von seltsamen Gewürzfrüchten gehört, die mit Netzen aus dem Nil gefischt werden und nur vom Paradies kommen könnten, wo sie durch den Wind von den Bäumen fallen.

Für den Erzbischof Isidor von Sevilla (um 560–636), einen der gelehrtesten Männer seiner Zeit, war das ptolemäische Weltbild mit der Erde als einer Kugel im Zentrum des Alls selbstverständlich, so daß für ihn eine Gegend jenseits des die Erdscheibe umfließenden Ozeans nicht mehr in Frage kam. Er verlegte das Paradies bei der Behandlung der Geographie Asiens wegen der biblischen Angabe «im Osten» unter die dortigen Länder und wandte sich gegen die Identifizierung des Paradieses mit den im Westen gelegenen «Inseln der Seligen», d. h. den Kanaren, auch wenn er ihnen ein «paradiesisches» Klima zugestand.

Die mittelalterlichen Theologen folgten Isidor, der in seinen Schriften nicht nur die christlichen Überlieferungen, sondern auch das profane Wissen der Antike enzyklopädisch zusammengefaßt hatte. Für Thomas von Aquin existierte das Paradies «an einem im Osten liegenden Ort ... durch verschiedene Hindernisse gegen unsere Wohnstätte abgeschlossen, entweder durch Berge oder Meere oder einen heißen Landstrich, den wir nicht durchqueren können». Die von dorther kommenden Flüsse würden in unterirdischen Höhlen unter diesen Bergen hindurchfließen, wie das bei Wasserläufen auch sonst öfter zu beobachten sei. Gegen die Meinung einiger, das Paradies müsse am Äquator liegen, weil es dort wegen der ständig gleichen Länge von Tag und Nacht keine Fröste gäbe, wandte er ein, schon Aristoteles hätte gesagt, daß diese Gegend wegen der großen Hitze unbewohnbar sei.

Zur allgemeinen Überzeugung, daß das Paradies irgendwo in Asien liege, trugen die vagen Berichte bei, die von dort über fruchtbare und reiche Landschaften hinter ausgedehnten Wüsten und riesig hohen Gebirgen immer wieder nach Europa drangen. Die Annahme, daß die Existenz solch wunderschöner Gebiete, in denen die Menschen glücklich und ohne materielle Sorgen leben konnten, von der Nähe des Paradieses zeuge, führte zu der Vermutung, es sei nicht weit vom reichen und glücklichen Land des Priesterkönigs Johannes gelegen. Die Mär vom Reich dieses Priesterkönigs entstand in der zweiten Hälfte des 12. Jahrhunderts und hielt sich bis ins 17. Jahrhunderts hinein. Sie geht vielleicht zurück auf Berichte über christliche (nestorianische) Gemeinden, die es in Zentralasien tatsächlich gab, oder über die sogenannten Thomas-Christen an der Südwestküste Indiens, deren Existenz auf die Predigt des gleichnamigen Apostels zurückgeführt wird. Es war die Zeit der Kreuzzüge, und man war fasziniert von der Perspektive, den Islam, der sich als Barriere zwischen das Abendland und Asien gelegt hatte, durch das Bündnis mit einem christlichen Reich im Osten militärisch in die Zange nehmen zu können. Um die Jahre 1165–1177 tauchte in Europa sogar ein Brief des Priesters Johannes an den byzantinischen Kaiser auf – eine glatte Fälschung, die auf phantasievolles Wunschdenken zurückgehen dürfte, wie dies von Umberto Eco in seinem Roman *Baudolino* voll Ironie geschildert wird. Dieser angebliche Brief beschreibt das Reich des Priesterkönigs in den sattesten Farben als ein Land, das von Milch und Honig trieft und unermeßlich reich ist an Edelsteinen aller Art und an Gewürzen, welche die wohlriechendsten Düfte verbreiten usw., so daß es über seine Nähe zum irdischen Paradies keinen Zweifel geben konnte.

Ähnliche Gerüchte verbreiteten sich über ein christliches Königreich in Äthiopien, weshalb man das Paradies auch in jener Gegend Afrikas vermutete und zwar auf einem Gebirge namens Amhara, offenbar in der Nähe der Hauptstadt Asmara des heutigen Eritrea, die 2350 m hoch liegt, eine Hypothese, die noch von John Milton in seinem *Paradise Lost* erwähnt wird (IV 375).

Imaginäre Reisen und mittelalterliche Kartographie

All diesen Autoren ist die Überzeugung gemeinsam, daß das Paradies mit dem Baum des Lebens in seiner Mitte auf dieser Erde weiterexistiere, aber hinter hohen Bergen liege und deshalb für die Menschen unzugänglich geworden sei. Als Beweis dafür dienten eine Reihe phantasievoller Reiseberichte. So soll Alexander der Große auf seinem Zug nach Indien bis zum Paradies gekommen sein, wovon die Schrift *Alexandri Magni Iter ad Paradisum*, verfaßt von einem jüdischen Autor zwischen 1100 und 1175, erzählt. Der König habe sich nach seiner Ankunft am Ganges mit einer ausgesuchten Truppe flußaufwärts auf die Suche nach dem irdischen Paradies aufgemacht und sei schließlich an eine Stadtmauer gelangt, die sich ohne Öffnung und Tore am Ufer hinzog. Nach drei Tagen weiterer Fahrt hätten dann Alexander und seine Begleiter in der Mauer ein kleines Fenster erblickt, in dem ein alter Mann erschien. Auf die Aufforderung Alexanders hin, Tribut zu zahlen, habe der Alte erwidert, dies sei die Stadt der Seligen und niemand dürfe zu lange bleiben, da er sonst von den Fluten verschlungen würde. Die Erzählung ging ein in die diversen Alexanderromane des Mittelalters sowie in die *Gesta Romanorum*.

Ein anderer Bericht, der zu seiner Zeit in ganz Europa verbreitet war, stammt von Sir John Mandeville (gest. 1373), möglicherweise ein Arzt aus Lüttich, der angeblich bis nach China gelangt war, vermutlich aber nur eine Sammlung damaliger Länderbeschreibungen geschickt zusammengestellt hat. Er wußte viel – allerdings nichts Neues – vom Lande des Priesters Johannes zu erzählen und behauptete, er sei von dort bis in die Nähe des Paradieses gekommen, habe jedoch wegen seiner Unwürdigkeit nicht eintreten können. Doch habe er erfahren, daß das Paradies auf einem hohen Berg liege, der bis zur Umlaufbahn des Mondes reiche. Es sei von einer hohen Mauer umschlossen, deren einziges Tor von

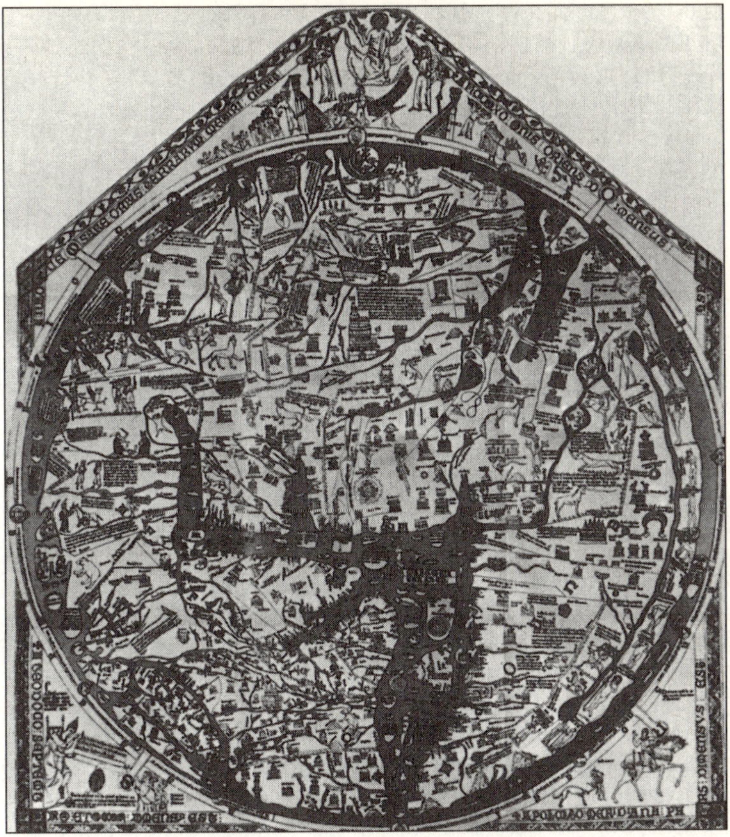

12. *Wandkarte der Kathedrale in Hereford,* um 1276/83

einem lodernden Feuer versperrt sei. Von diesem höchsten Ort der Erde ergössen sich die vier Flüsse, die die Länder der Erde durchströmten.

Auch der portugiesische Infant Dom Pedro, ein Bruder Heinrichs des Seefahrers, soll bis an den Rand des Paradieses gelangt sein. Zunächst mußte er, um zum Reich des Priesterkönigs Johannes zu kommen, das Land der Riesen durchqueren, ebenso wie das Land einer Rasse von Menschen, die nur ein einziges Bein hatten, das dem eines Pferdes ähnelte, und die ihre Geschlechtsteile in der Mitte des Körpers trugen. Nach einem längeren Aufenthalt habe ihn der Priesterkönig auf seinen Wunsch hin, den Ort des Paradieses zu sehen, mit Führern und Dromedaren ausgestattet. Mit ihnen sei Dom Pedro dann siebzehn Tage lang durch eine weglose Wüste geritten, bis sie in der Ferne extrem hohe Berge erblickten. Nun hätten ihm die Führer von einem weiteren Vordringen abgeraten und zum Oberlauf der vier aus dem Paradies kommenden Flüsse geführt. Er habe dann gesehen, daß auf dem Tigris Oliven und Zypressenzweige daherschwammen, auf dem Eufrat Blätter von Palmen und Myrten, auf dem Gihon ein Aloebaum und auf dem Pischon Nester mit Papageien.

Wie man sieht, waren die Reiseberichte des Mittelalters undenkbar ohne jene Fabelwesen, die man damals an der äußeren Rändern der Erde vermutete und denen jeder Reisende auf dem Weg zum irdischen Paradies zwangsläufig begegnen mußte: Skiapoden (Einbeinige), Kynokephalen (Hundsköpfige), Panotier (Menschen mit riesigen, den ganzen Körper bedeckenden Ohren) oder auch geistbegabte Lebewesen ohne Kopf, die ihre Augen an den Schultern und ihre Nasen und Münder mitten auf der Brust tragen, nicht zuletzt auch das kriegerische, nur aus Frauen bestehende Volk der Amazonen, von dem die griechische Mythologie erzählte. Umberto Eco hat all diese phantastischen Kreaturen aus der Literatur jener Zeit mit Witz und Humor in eine amüsante Story eingearbeitet, wenn er den Helden seines schon erwähnten Romans *Baudolino* auf die Suche nach dem Priesterkönig Johannes schickt.

Die mittelalterlichen Kosmographien und Weltkarten (Mappae Mundi) bestätigen die damalige Überzeugung, daß sich das Paradies noch irgendwo auf der Erde befindet. Während Jerusalem fast immer im Zentrum der Karten liegt, wird das Paradies weit in den Osten Asiens gesetzt, häufig als eine Insel in jenem Ozean, der die Kontinente umschließt, oder auch durch eine Feuerwand abgetrennt. Es ist umgeben von einer Mauer mit einem einzigem Tor, das verschlossen ist, und wird versinnbildlicht durch die Gestalten von Adam und Eva unter dem Baum oder die Kerubim mit dem Schwert, manchmal auch durch eine Quelle, der die vier Flüsse entströmen.

Erst als die Überzeugung von der Kugelgestalt der Erde zu Beginn der Renaissance Allgemeingut wurde, hörte man auf, das Paradies auf den Karten und Globen einzuzeichnen. So fehlt es beispielsweise auf dem berühmten Globus des Martin Behaim von 1492. Behaim wollte allerdings doch nicht auf eine legendäre Insel verzichten, die als irdisches Paradies angesehen wurde. Sein Globus zeigt den westlichen Ozean noch ohne die von Kolumbus in jenem Jahr entdeckten Länder, zeichnet aber in der Mitte zwischen den Azoren und den Kapverdischen Inseln auf der einen und Cipangu (Japan) auf der anderen Seite die Insel des hl. Brendan ein. Die Kunde von ihr geht zurück auf eine irische Legende aus dem 9. Jahrhundert, die in vielen Varianten als *Peregrinatio Sancti Blandini* das ganze Mittelalter hindurch weitverbreitet war. Danach habe der fromme Abt, von Winden und Strömungen abgetrieben, nach vielen Irrfahrten eine Insel mit üppiger Vegetation und mildem Klima erreicht, wo ihm auf Gottes Geheiß ein Vorgeschmack des Paradieses gewährt wurde, in das er bald nach seiner Heimkehr einging.

Die Entdeckungsreisen

Bis zu Beginn der Neuzeit war man überzeugt, der Garten Eden liege irgendwo in Asien. Mit Beginn der Entdeckungsfahrten richtete sich der Blick jedoch auch auf andere Weltgegenden. Schon Reisende, die im 14. Jahrhundert bis Ceylon, das heutige Sri Lanka, kamen, glaubten wegen der üppigen Fauna und Flora der Insel, dem Paradies ganz nahe zu sein. Einer von ihnen berichtete, er habe dort einen überaus hohen Berg, genannt «Gipfel Adams», gesehen. Nach den Aussagen der Eingeborenen sei dessen Spitze zwar meist in Wolken gehüllt, doch könne man, wenn sie in seltenen Momenten den Blick freigeben, von ihr aus ins Paradies schauen.

Kolumbus war von der Idee besessen, daß das von ihm entdeckte «Indien» in der Nähe des irdischen Paradieses lag. Entgegen der Meinung der mittelalterlichen Theologen, die seine Lage am Äquator wegen zu großer Hitze ausgeschlossen hatten, erlebte er nun, daß diese Zonen bewohnbar waren. Im Bericht über seine dritte Reise, die ihn zum Golf von Paria an der Mündung des Orinoko geführt hatte, meinte er, das Paradies könne, auch wenn sein Zugang verschlossen bliebe, nicht mehr weit entfernt sein. Dafür sprächen die milden Temperaturen, der gewaltige Strom, der seinen Ursprung nur im Paradies haben könne, sowie die erstaunliche Tatsache, daß in diesem Golf eine so große Menge von Süßwasser inmitten des salzigen Meeres erhalten bliebe.

Der gleichen Meinung war auch Amerigo Vespucci, nach dem der neue Kontinent Amerika seinen Namen erhalten hat. Er bereiste 1499–1502 die Küsten des späteren Surinam und Brasiliens und beschrieb begeistert die unendliche Anzahl an überaus hohen Bäumen, die nie ihre Blätter verlieren und saftige, wohlschmeckende Früchte tragen, die weiten Prärien voll wunderbarer Blumen, die aromatische Düfte verströmen, sowie die unendliche Fülle an Vögeln der verschiedensten Arten mit ihrem bunten Gefieder in allen denkbaren Farben. Andere Entdeckungsreisende rühmen besonders die «paradiesischen» Früchte, welche die neuen Länder hervorbringen, Passionsfrucht und Ananas, die köstlichste Frucht, die es auf der Welt gibt. Noch heute nennt man die Tomaten in Bayern und Österreich «Paradeiser». Die Nähe zum Garten Eden schien auch dadurch bewiesen, daß man Smaragde fand, die in Antike und Mittelalter als Symbol des ewigen Lebens galten, oder daß Papageien in so großer Zahl auftraten. Sie galten im besonderen als Paradiesvögel, da sie allein in der Vogelwelt die Sprachfähigkeit über den Sündenfall hinaus behalten hätten.

Auch aus der angeblichen Langlebigkeit der Eingeborenen, bis zu 130 Jahren, zog man entsprechende Schlüsse. Damals entstand auch der Mythos von den «guten Wilden», die nackt, wie einst Adam und Eva, ohne Obrigkeiten und Arbeitszwang, ohne Handel und Eigentum und ohne Fähigkeit zur Lüge und Bosheit in einem angenehmen Klima und inmitten einer freigebigen Natur, die alles lieferte, was sie brauchten, ein unschuldiges Leben führten. Kein Wunder, daß ein portugiesischer Autor des 17. Jahrhunderts überzeugt war, das irdische Paradies hätte im Herzen Südamerikas gelegen und die vier Flüsse, von denen die Bibel spricht, seien der Rio de la Plata, der Amazonas, der Orinoko und der Magdalenenstrom.

Die Bibelexegese seit der Reformationszeit

Auch wenn die Entdeckungsfahrer berichteten, sie seien am Äquator in Gebiete gekommen, die gewisse Aspekte und Spuren des herrlichen Gartens Eden bewahrt hatten, ließen sich die Bibelkommentatoren der Reformation und Gegenreformation davon nicht überzeugen. Sie beriefen sich dafür auf die Heilige Schrift, die klar sagte, der Garten habe im Osten gelegen. Manche Protestanten, besonders Luther, hielten allerdings die Meinung, daß das Paradies fortbestehe, für einen «papistischen Irrtum». Allmählich schlossen sich dann auch die katholischen Autoren der protestantischen Auffassung an. So setzte sich allmählich die ernüchternde Schlußfolgerung durch, daß das irdische Paradies von der Erde verschwunden war, vermutlich von der Sintflut verschlungen.

Am Glauben, daß es keine bloße Allegorie war, sondern zu Beginn der Menschheitsgeschichte tatsächlich irgendwo existiert hatte, bestand hingegen für die Gelehrten jener Zeit weiterhin kein Zweifel, da der Glaube an die Erbsünde und an die historische Existenz des irdischen Paradieses voneinander untrennbar zu sein schienen. Katholiken wie Protestanten wandten sich gegen Vorstellungen, die das Paradies ganz nahe beim Mond oder doch in großer Höhe über der Erde lokalisierten. Desgleichen verwarf man allgemein die Meinung, die ganze Erde sei paradiesisch gewesen, so daß die Stammeltern bei der Vertreibung nicht den Ort gewechselt hätten, sondern die Lebensbedingungen. Ebenso wurde auch ein rein allegorisches Verständnis abgelehnt. Der zu seiner Zeit bedeutendste katholische Theologe Francisco Suarez (1548–1619) stufte die Lehre, daß das von Gott gepflanzte Paradies ein irdischer Ort war und alles, was in der Bibel über die Schöpfung gesagt ist, im wortwörtlichen Sinn zu verstehen ist, als «de fide» («zum Glauben gehörend») ein und wies ihr damit den Gewißheitsgrad einer geoffenbarten Glaubenswahrheit zu.

Das 16. und 17. Jahrhundert brachte in allen Konfessionen eine Unzahl von Traktaten hervor, die unter Verzicht auf alle Legenden und mittelalterliche Phantastereien die Historizität des Paradieses «wissenschaftlich» nachweisen wollten. Man gab die Lokalisierung in einem fernen Zentralasien auf und suchte die durch die wiedergewonnene Kenntnis des Hebräischen verbesserte Bibelauslegung mit den neueren geographischen Erkenntnissen zu verbinden. Zwar wird gelegentlich auch der Berg Amara in Äthiopien wieder genannt. Die meisten Autoren optierten jedoch für den Nahen und Mittleren Orient. Großen Einfluß hatte dabei die Auffassung Calvins, der das Paradies nach «Assyrien», d.h. in das mittlere Mesopotamien, verlegte, irgendwo in die Gegend des antiken Seleukia am Tigris, nördlich des heutigen Bagdad. Allgemein blieb man bei der Meinung, der Garten sei ringsum von hohen Bergen umgeben gewesen, unter denen sich der große Strom unterirdisch seinen Weg suchte, um dann, aufgeteilt in vier Flüsse, den Rest der Erde zu bewässern. Diese Vorstellung und Calvins Lokalisierung «zwischen Haran und Seleukia» wurde übernommen von Milton (IV 280–315), der an anderer Stelle aber auch den Berg Amara in Abessinien erwähnt (IV 375–380). Andere dachten an den Schatt-el-Arab, den Zusammenfluß von Eufrat und Tigris. Dort gibt es ganzjährig einen Überfluß an Wasser, und die Gegend ist berühmt durch die Menge ihrer Fruchtbäume, die einen Großteil der Welternte an Datteln liefern. Der Tourist unserer Tage wird allerdings den paradiesischen Charakter dieser Gegend bezweifeln, zumindest wegen der extrem heißen Sommer.

Die heutige Bibelwissenschaft fragt hingegen nicht mehr, wo das Paradies tatsächlich lag, sondern nur noch, wo der biblische Autor gemeint haben könnte, daß es lag. Einige Ausleger vermuten wegen der Erwähnung der vier Flüsse, der Autor habe an das Land hinter den hohen Gebirgen im Norden Mesopotamiens gedacht, wo ja der Eufrat und der Tigris ihren Ursprung haben. Das entspräche sehr gut der «mythischen Geographie», die sich in der Überlieferung vieler Völker findet. Tatsächlich ist die Kunde von einem hohen Berg als Wohnsitz der Gottheit, auf dem vier Ströme entspringen, um die Erde zu bewässern, weit verbreitet. Man denke beispielsweise an die ganz ähnlichen Vorstellungen im tibetischen Buddhismus. Er hält den Berg Kailash heilig, an dessen Fuß ebenfalls vier große Flüsse ihren Ausgang nehmen und wie die Speichen eines Rades in alle vier Himmelsrichtungen fließen.

Die Entzauberung der menschlichen Frühgeschichte

Bis in die neuere Zeit war die Bibel – das darf man nicht vergessen – die einzige Quelle des Wissens um die Geschichte der Welt. Einer der letzten Höhepunkte der bereits erwähnten Spekulationen über den Zeitpunkt von Schöpfung und Paradies waren die zwischen 1650 und 1654 erschienenen *Annales Veteris Testamenti*, die Annalen des Alten Testaments, von James Ussher, anglikanischer Erzbischof von Armagh und Primas von Irland. In zwei dicken Bänden von insgesamt 2000 Seiten erstellte er unter genauer Angabe von Jahr, Monat, Tag und Stunde eine Chronologie der Weltgeschichte von ihren Anfängen bei der Schöpfung bis zur Zerstörung Jerusalems durch Titus im Jahr 70 n. Chr., wobei er die Erschaffung der Welt auf die Mittagstunde des 23. Oktobers 4004 vor Christus datierte. Diese Zahlen wurden von Bischof Bossuet (1627–1704), dem Hofprediger Ludwigs XIV., in seinem weitverbreiteten, 1681 herausgegebenen *Discours sur l'histoire universelle*, den er als Erzieher des Dauphin (Kronprinzen) verfaßt hatte, übernommen.

Gegen Ende des 17. Jahrhunderts wuchsen erste Bedenken gegenüber solchen Datierungsversuchen. Obwohl sich Isaac Newton (1643–1727) zeitlebens mit biblischer Chronologie beschäftigte, gab er für die Schöpfung kein Datum mehr an. Schon bald – es ist die Zeit der

Aufklärung – wurden die Zweifel an einem Alter der Welt von nur 4000 Jahren bis zur Geburt Christi immer lauter. Voltaire (1694–1778) argumentierte mit der Langsamkeit des menschlichen Lernens, für das ein so kurzer Zeitraum nicht genüge. So erschienen Inhalt und «historische» Wahrheit der Anfangskapitel der Genesis immer fragwürdiger. Es ist bezeichnend, daß im Jahrhundert nach dem Erscheinen von Miltons *Paradise Lost* (1667) die Produktion literarischer Werke und exegetischer Arbeiten über das Paradies rapide abnahm.

Doch erst die Erforschung der Fossilien, die gegen Ende des 18. Jahrhunderts einsetzte, ergab eine neue Lage. Es erwies sich, daß die Erde nicht bloß einige tausend Jahre alt sein konnte, und man schloß daraus, daß die menschliche Geschichte viel länger war, als man geglaubt hatte. Als dann im 19. Jahrhundert die Theorien Darwins zu beweisen schienen, daß der Mensch sich nur allmählich aus der Tierwelt abgelöst hatte und in seinen Anfängen nicht alle natürlichen und außernatürlichen Gaben gehabt haben konnte, mit denen ihn die Theologen ausstatteten, erschien die Vorstellung von einem Beginn der Menschheitsgeschichte im Garten Eden immer unwahrscheinlicher. Das glückliche Dasein im Paradies wurde günstigstenfalls zu einem Bild der gütigen Natur, welche die ersten menschlichen Wesen, die noch auf ihren Instinkt hörten, bemutterte.

Moderne Interpretationen

In neuester Zeit haben sich neben den Theologen auch Vertreter anderer Disziplinen mit der biblischen Urgeschichte beschäftigt. Die scheinbar so simplen und primitiv anmutenden Erzählungen vom Verzehr des Apfels im Garten Eden, von der Rivalität der Brüder Kain und Abel oder von der Sintflut und dem Turmbau von Babel wurden von Psychologen und Ethnologen, aber auch von Mythen- und Märchenforschern unter allen möglichen Aspekten durchleuchtet. Dem Leser, der sich dafür interessiert, seien die mehr oder weniger überzeugenden Resultate dieser Überlegungen wenigstens an einigen Beispielen vor Augen geführt.

Das Verbot als Werkzeug der Ich-Findung

Besonders interessant ist der Beitrag der Tiefenpsychologie. Er erklärt vielleicht, warum gerade die Paradieserzählung ihre Faszination bis heute nicht verloren hat. Das liegt offenbar daran, daß diese Erzählung auf der unbewußten und vorbewußten Ebene einige der existentiell wichtigen Etappen anspricht, die jeder Mensch in seiner frühen Kindheit durchlebt hat. So könne man das Paradies als ein Bild für den Dämmerzustand des Neugeborenen sehen, der sich in der Symbiose mit der Mutter versorgt und geborgen fühlt. Das göttliche Verbot, von dem einen Baum zu essen, entspräche dann, in einer nächsten Phase, den für das Kind oft unverständlichen Verboten der Eltern. Deren Bemühen, ihren Nachwuchs vor den Gefahren der Welt zu schützen und ihn manchmal sogar auf der Stufe der glücklichen Kindheit festzuhalten, um ihm die Mühsal und die Schmerzen des Erwachsenendaseins zu ersparen, wäre ein Abbild der göttlichen Fürsorge, die den Menschen in einen herrlichen Garten versetzte, um ihm die Unbilden der Welt zu ersparen.

Wie das erste Menschenpaar müßten dann allerdings auch die Kinder irgendwann die gezogenen Grenzen überschreiten, um zu einer eigenständigen Lebensführung zu kommen. Der sogenannte Sündenfall sei deshalb nichts anderes als eine von Gott vorausgesehene – und sogar erwartete – Phase in dem Entwicklungsprozeß, der den Menschen zu dem macht, was er eigentlich sein soll. Diese ersten Verbotsübertretungen würden übrigens häufig als zutiefst schuldhaft erlebt, was in der biblischen Erzählung durch die Betroffenheit des ersten Menschenpaares nach dem Genuß der verbotenen Frucht zum Ausdruck gebracht wird.

Die rätselhafte Bekleidung der Menschen mit Fellen

Noch auf ein weiteres Phänomen im psychischen Entwicklungsprozeß könnte die Erzählung hinweisen, nämlich auf das Erstaunen, nicht selten sogar Erschrecken des heranwachsenden Jugendlichen, wenn er feststellt, daß an seinem Körper – zudem an den intimsten Stellen – plötzlich Haare zu wachsen beginnen. Möglicherweise hat der Hinweis, daß Gott persönlich vor ihrer Vertreibung aus dem Paradies den Menschen Röcke aus Fellen machte (Gen 3,21), etwas damit zu tun. Diese seltsame Aussage der Bibel hat den Auslegern seit jeher Schwierigkeiten bereitet. Nicht nur erscheint sie als unnötige Wiederholung einer Thematik, die bereits früher behandelt worden war, als das Menschenpaar «Schurze aus Feigenblättern» zur Bedeckung der Lenden anfertigte (Gen 3,7). Sie liefert vor allem keine einleuchtende Begründung dafür, warum diesmal Gott selbst als Fabrikant von Pelzkleidern (aus Häuten von Tieren, die er erst töten mußte?) ins Spiel gebracht wird. Das entspräche zwar gewissen mythischen Überlieferungen, nach denen Götter oder Halbgötter den Menschen die Errungenschaften der Zivilisation brachten. Es widerspricht jedoch der klaren Tendenz des biblischen Autors, alle zivilisatorischen Fortschritte, angefangen von der Erfindung der Bekleidung, dem Menschen selbst zuzuschreiben, wie er dies im Fortgang der biblischen Urgeschichte beim Ursprung von Städtebau, Schmiedekunst und Musikinstrumenten oder der Weinkelterung noch tun wird.

Das noch heute oft vorgebrachte Argument, die Ausstattung mit einem den ganzen Leib bedeckenden Schutz vor den Unbilden der Witterung solle die Fürsorge Gottes auch für den gefallenen Menschen zum Ausdruck bringen, ist eher unbefriedigend. Einige griechische, vom Platonismus beeinflußte Kirchenväter meinten deshalb, die Bekleidung mit Tierfellen wolle veranschaulichen, daß der Mensch zunächst mit einem «geistigen» Leib erschaffen wurde und erst nach dem Sündenfall jenen «fleischlichen» Leib erhielt, der mit Krankheiten, dem Altwerden und dem Tod behaftet war. Nach anderen Autoren hätte Gott den Menschen als Vorbereitung auf die Vertreibung eine neue, «wetterfeste» Haut gemacht, um sie für das rauhe Leben außerhalb des Paradieses gut auszurüsten.

Man könnte diese Gedanken weiterspinnen und die Hypothese wagen, daß der Text eigentlich sagen will, der Mensch sei von Gott jetzt wie die Tiere mit einem Pelz, d. h. mit Körperhaaren, bekleidet worden. Es geht demnach gar nicht um eine Versorgung mit äußerer Bekleidung, sondern um eine neue Phase in der körperlichen Ausgestaltung des Menschen. Sie wird besonders erwähnt, da sie einen eigenen göttlichen Schöpfungsakt erforderte, worauf das Wort «machen» hinweisen könnte, das im ersten Kapitel des Buches Genesis bei den Schöpfungsakten Gottes, z. B. beim Firmament oder den Sternen, verwendet wurde.

Wenn das stimmt, hätten wir es bei dieser dunklen Bibelstelle wieder mit einer Ätiologie zu tun, die erklären will, warum dem Menschen, der, anders als die Tierjungen, zunächst unbehaart zur Welt kommt, erst in der Periode der Pubertät die Körperhaare wachsen. Durch eine solche Interpretation erhielte die Erzählung von der Erschaffung des Menschen nach manchen Tiefenpsychologen ihren eigentlichen Abschluß. Denn das junge Menschenpaar, das bis dahin am Körper noch unbehaart war, sei jetzt mit den Merkmalen des voll erwachsenen, also geschlechtsreifen Menschen ausgestattet worden. Seine Ausstattung mit einer «Pelzbekleidung» stünde folglich in einem engen inhaltlichen Zusammenhang mit dem unmittelbar vorausgehenden Wort Adams, in dem zum ersten Mal das Thema der Fortpflanzung des Menschengeschlechts auftaucht: *«Er nannte seine Frau Eva* [= Leben], *denn sie wurde Mutter aller Lebendigen»* (Gen 3,20).

Der Grund für die Bosheit der Schlange

Wenn man mit der modernen Bibelwissenschaft unterstellt, daß das Buch Genesis die Schlange noch nicht mit Satan identifizierte, dann muß es für ihr boshaftes Verhalten gegenüber dem Menschen eine Begründung geben. Sie kann nur in der geheimnisvollen Existenz liegen, die der Schlange seit jeher in den Mythen und Sagen zugeschrieben wurde. Man sah in dem unheimlichen, in dunklen Löchern und Felsspalten hausenden Tier ein unmittelbares Produkt der Mutter Erde, das besondere Kräfte und Fähigkeiten besaß, um in die menschlichen Angelegenheiten einzugreifen. Dazu gehörte auch die Begabung mit Sprache, weshalb der Ursprung vieler Orakelstätten auf eine Schlange zurückgeführt wurde, wie im griechischen Delphi auf den urweltlichen Drachen Python, nach dem die dortige Seherin Pythia benannt war. Diese Sprachbegabung könnte das märchenhafte Motiv eines sprechenden Tieres erklären, das sonst der Bibel fremd ist und außer in der Paradieserzählung nur noch als ironischer Gag in der Geschichte von Bileams Esel vorkommt (Num 22,22–35).

In der Tat ist die Einstellung der Menschen gegenüber der Schlange bis heute ambivalent. Sie vereinigt in sich die vielfältigsten und widersprüchlichsten Bedeutungen. So erscheint sie in Ägypten als Schutzherrin des Königs, als Heilgottheit, aber auch als die Verkörperung des Urbösen. In der Antike gab es Überlieferungen von ihrem helfenden Charakter, der sie zu einem weisen Gesprächspartner des Menschen machte. Einige Autoren, darunter Plinius, brachten sie mit ewigem Leben in Verbindung, und sie wurde zum Attribut des Heilgottes Asklepios als Symbol eines langen Lebens und heilender Kräfte, was sich bis heute darin zeigt, daß Ärzte und Apotheker die Asklepios-Schlange als Wahrzeichen ihres Berufes führen. Andererseits war die Gefährlichkeit und Heimtücke der Schlange sprichwörtlich. So sät sie in einer äsopischen Fabel Mißtrauen, um eine Freundschaft zu zerstören.

Da einige antike Mythen und Fabeln von einer Rivalität zwischen Tier und Mensch berichten, glaubt man heute, eine Begründung dafür liefern zu können, warum für den biblischen Erzähler gerade die Schlange geeignet war, die Frau zu täuschen: Sie hätte nämlich wegen ihres Strebens nach Unsterblichkeit aus Eifersucht und Neid auf die bevorzugte Stellung des Menschen gehandelt, der im Paradies die Möglichkeit hatte, vom Baum des Lebens zu essen und dadurch ewig zu leben. Für diese Interpretation spricht, daß Neid und Eifersucht als Quelle böser Taten auch in anderen Erzählungen des Buches Genesis eine entscheidende Rolle spielen; so beim Mord Abels durch seinen Bruder Kain, bei der Täuschung des Vaters um der Erstgeburt willen in der Geschichte Jakobs und beim Haß der Brüder auf den Liebling des Vaters in der Josefserzählung.

Neues Licht auf die «Erkenntnis von Gut und Böse»

Eigenartigerweise hält das Volksbewußtsein hartnäckig an der Vorstellung fest, daß es sich bei der Erkenntnis von Gut und Böse um die Erfahrung der Sexualität gehandelt habe, also um jenen Bereich, der als Frage nach ihrer Herkunft zu allen Zeiten die Neugier der Kinder geweckt hat. Nach den Psychologen soll einer der Gründe dafür an den Assoziationen liegen, die sich beim Anblick einer Schlange einstellen. Wenn sie sich beim Angriff aufrichtet, denke man unwillkürlich an die Erektion des männlichen Gliedes, und ihr röhrenförmiger Körper erinnere an den weiblichen Schoß. Sie gelte deshalb allgemein als Archetyp der Sexualität.

Einige Mythenforscher verweisen darauf, daß sich in der Bibel selbst Anhaltspunkte für eine sexuelle Interpretation der Erkenntnis von Gut und Böse finden lassen. An einer Stelle werden nämlich die kleinen Kinder damit charakterisiert, daß sie *«noch nichts von Gut und Böse wissen»* (Dtn 1,39), und an einer anderen Stelle sagt ein Achtzigjähriger, der die Freuden des Lebens nicht mehr genießen kann: *«Kann ich denn noch Gut und Böse unterscheiden?»* (2 Sam 19,36), so wie man heute noch – meist im Zusammenhang mit alten Leuten – sagt, sie seien bereits «jenseits von Gut und Böse».

Davon ausgehend haben sie versucht, jenen Mythos zu rekonstruieren, von dem sich die Verfasser der biblischen Paradieserzählung angeblich hätten inspirieren lassen. In ihm spielte die Mandragora-Staude eine besondere Rolle, deren Wurzel die Form eines kleinen Männchens, manchmal auch des männlichen Geschlechtsorgans hat, weshalb die Früchte im Altertum als Aphrodisiakum galten. Die Götter hätten – so habe der Mythos ursprünglich gelautet – verhindern wollen, daß das erste Menschenpaar durch die Möglichkeit der Fortpflanzung, d.h. der Erschaffung neuer Lebewesen, ihnen gleich wurde. Sie hätten deshalb dem Paar, das noch keine Geschlechtslust kannte, verboten, von den Früchten der Mandragora zu essen. Eine der Gottheiten habe den Menschen jedoch in Gestalt der Schlange verraten, wie sie durch den Genuß der verbotenen Früchte geschlechtlich verkehren und sich dadurch fortpflanzen könnten.

Dieser uralte Mythos sei, so geht die Argumentation weiter, vom biblischen Autor dahingehend umgearbeitet worden, daß er die Mandragora durch den Baum der Erkenntnis von Gut und Böse ersetzte und damit das Thema der Verletzung eines sexuellen Tabus durch das Thema des unbedingten Gehorsams gegenüber einem göttlichen Gebot in den Vordergrund trat. Denn bei der Endredaktion des biblischen Textes, die nach der Deportierung ins babylonische Exil erfolgte, sei eines der Anliegen gewesen, das Volk vor dem Ungehorsam gegenüber den Geboten Gottes zu warnen, um die Wiederholung einer derartigen Katastrophe zu verhindern.

Die Mythenforscher lassen allerdings offen, warum die Redewendung «Erkenntnis von Gut und Böse» in der biblischen Erzählung beibehalten wurde. Die Formulierung erscheint tatsächlich als ein Fremdkörper, wie die Schwierigkeiten zeigen, die ihre Interpretation seit jeher bereitet hat. Denn die Kommentatoren mußten berücksichtigen, daß die Erkenntnis an vielen anderen Stellen der Bibel keineswegs als eine Fähigkeit angesehen wird, die dem Menschen nicht zukommt. Vielmehr wird die «Weisheit» – ein Ausdruck, der im Hebräischen auch die Kenntnis der Naturdinge einschließt – immer wieder als erstrebenswertes Ziel von unschätzbarem Wert gepriesen.

Wenn man nicht eine Unachtsamkeit des biblischen Erzählers unterstellen will, muß für die Formel «Erkenntnis von Gut und Böse» eine andere Erklärung versucht werden. Es könnte nämlich sein, daß damit tatsächlich das Geheimnis der Fortpflanzung gemeint war, das sich dem ersten Menschenpaar nach der Übertretung des göttlichen Verbots allerdings nur als eine künftige Möglichkeit enthüllte. Insoweit hätte die Volksmeinung, die seit jeher einen Zusammenhang zwischen Sündenfall und menschlicher Geschlechtlichkeit vermutete, nicht ganz Unrecht. Sie dürfte jedoch falsch liegen, wenn sie die Übertretung selbst als eine von Gott verbotene Ausübung des Geschlechtsverkehrs versteht. Denn angesichts der positiven Einstellung des Judentums zu Ehe und Sexualität ist es eher unwahrscheinlich, daß der Erzähler beim Akt des Ungehorsams gegenüber Gott an eine Verfehlung dieser Art gedacht hat. Der biblische Text verlegt jedenfalls die sexuelle Begegnung der Stammeltern eindeutig in die Zeit nach ihrer Verfehlung. Er berichtet erst dann von der Benennung der Frau als «Mutter aller Lebendigen» und von der Zeugung Kains, die erst nach der Vertreibung aus dem Paradies erfolgte (Gen 3,20 und 4,1).

Ein gottgewollter Sündenfall?

Manche der modernen Interpreten spekulieren auch über die Rolle, die Gott im Drama der Vertreibung aus dem Garten Eden spielte. Sie fragen sich, ob er nicht alle Umstände im Paradies so arrangiert hatte, daß das Menschenpaar geradezu zwangsläufig der Versuchung erliegen mußte.

Damit greifen sie im Grunde die Argumentation auf, die schon der biblische Erzähler dem ersten Menschenpaar beim Verhör durch Gott in den Mund gelegt hatte. Einige von ihnen gehen sogar soweit, in den Antworten einen Akt der Auflehnung gegen Gottes Willkür zu sehen, der dem ersten Menschenpaar geradezu «prometheische» Züge verleiht. Es sei nämlich keine faule Ausrede gewesen, wenn die Frau zu ihrer Verteidigung vorbrachte, eines der «von Gott geschaffenen» Tiere habe sie zur Übertretung des göttlichen Gebotes verführt. Vielmehr habe sie Gott zu Recht der Mitschuld am Geschehen angeklagt, genauso wie der Mann, wenn dieser darauf hinwies, er habe nur auf das ihm von Gott selbst als «Helfer» beigegebene Geschöpf gehört.

Es kann dahingestellt bleiben, inwieweit diese Interpretation zu überzeugen vermag. Ernsthafter ist ein Argument, das den gesamten Handlungsablauf des Geschehens in den Blick nimmt. Danach sei Gott in einem Dilemma gewesen: Einerseits brauchte er jemand für die Kultivierung der Erde, denn *«es gab noch keinen Menschen, der den Ackerboden bestellte»*, wie zu Anfang der ganzen Erzählung ausdrücklich vermerkt ist (Gen 2,5). Andererseits wollte er dem Menschen die damit verbundene Mühsal ersparen; so habe er es ihm überlassen, für sich selbst die Wahl zu treffen. Damit bekäme die biblische Paradieserzählung eine überraschende Pointe: Gott erreichte an ihrem Ende, als er Adam aus dem Garten schickte, *«damit er den Ackerboden bestellte»* (Gen 3,23), genau das, was er von Anfang an gewollt hatte. Er hatte nämlich jenen Mangel behoben, der der Erde anhaftete, bevor er den Menschen dahin brachte, seine Aufgabe als «Kultivator» der Erde, versinnbildlicht durch den Ackerbau, wahrzunehmen.

* * * * *

Was auch immer man von all diesen Überlegungen im einzelnen halten mag, es ist nicht von vornherein abwegig, mit einem heutigen Problemhorizont an einen Text heranzugehen, der aus einer längst vergangenen Epoche stammt. Denn der Reichtum an Aussagen, deren alte Texte fähig sind, hängt von ihrem literarischen Rang ab. Wenn es sich um ein Werk von hoher Qualität handelt, wird die Auslegung in jeder Epoche auch neue Aspekte aufdecken können, die dem Bewußtsein des Autors oder dem der früheren Kommentatoren noch verborgen blieben.

Das künftige Paradies

Der Autor (bzw. Redaktor), der dem Buch Genesis – wohl um das Jahr 400 v. Chr. – seine Endfassung gab, war offensichtlich noch der Meinung, dem Menschen werde der Zugang zum Garten Eden für immer versperrt bleiben. Umso erstaunlicher sind die Worte Jesu an den mit ihm gekreuzigten Schächer: «*Heute noch wirst du mit mir im Paradiese sein*» (Lk 23,43). Sie zeugen von der in den letzten Jahrhunderten vor der Zeitenwende im Judentum gereiften Hoffnung, daß die fromm Verstorbenen einst bei Gott im Paradies oder, wie man auch sagen wird, im Himmel wohnen werden. Es war, wie nun darzulegen ist, das Ergebnis einer komplexen Entwicklung, welche die Vorstellungen anderer Religionen und Kulturen in die biblische Glaubenswelt integrierte.

Jenseitslandschaften außerhalb der biblischen Tradition

Seit frühesten Zeiten findet sich fast überall in der Welt die Überzeugung, daß der Mensch nach seinem Tod auf irgendeine Weise weiterexistiert. Das bekunden die Bestattungsrituale und die Hochschätzung der Gräber oder der Umgang mit den Überbleibseln der Leiche im Falle der Feuerbestattung, aber auch die Grabbeigaben und die Versorgung der Verstorbenen mit Nahrung. Auch wenn man nicht immer klare Vorstellungen davon hatte, wo sich die Verstorbenen nach dem Tod aufhielten, so glaubte man doch, daß die Toten mit ihrer Sippe oder ihrem Stamm verbunden bleiben. Man war deshalb bestrebt, die Wohlfahrt der Lebenden durch Rituale der Erinnerung an die Ahnen sicherzustellen.

Mit diesem Kult der Ahnen war nicht notwendig, aber häufig die Vorstellung von einem «Land der Toten» verbunden, das entweder unterhalb oder oberhalb der bewohnten Erde gedacht wurde. Manchmal sagte man auch einfach: «über dem großen Fluß» oder «hinter dem hohen Gebirge». Im letzteren Fall waren die Lebensformen und die gesellschaftlichen Strukturen meist denen ähnlich, die der Verstorbene verlassen hatte. Das klassische Beispiel dafür sind die aus den Indianergeschichten unserer Jugend bekannten «ewigen Jagdgründe». Die Indianer glaubten, daß der Tote, nachdem er mit einer je nach seinen guten oder bösen Taten kleineren oder größeren Mühe einen steilen Berg erklettert hatte, auf eine Hochebene kam, in der die Bienen über bunten Blüten summten und der Gesang der Vögel die Luft erfüllte. Die bereits verstorbenen Verwandten und Freunde eilten ihm aus neuen Zelten, die am Ufer klar fließender Flüsse aufgeschlagen waren, zur Begrüßung entgegen. Dann begann ein herrliches Leben ohne Mühen und ohne Leiden. Büffel und Hirsche konnten nach Belieben gejagt und verspeist werden, waren aber wie die Menschen unsterblich, da sie nach der Mahlzeit wie vorher fröhlich umhersprangen.

Häufig wurde der Aufenthaltsort der Verstorbenen auch in einer düsteren Unterwelt situiert. In den Kulturen der Mittelmeerländer und des Nahen Ostens, auch bei den Kelten und Germanen, war dies sogar die gängige Vorstellung. Das deutsche Wort Hölle stammt von der althochdeutschen Bezeichnung *halja* oder *hell(i)a* (verwandt mit «hehlen» = verbergen) für das Land der Toten, beherrscht von der Göttin Hel. Diese Unterwelt war kein Ort der Belohnung oder der Bestrafung. Die Toten weilten dort zwar ohne Qualen, aber auch ohne Freuden. Sie hatten den Umriß der Lebenden, lebten jedoch nicht wirklich, sondern existierten kraftlos und stumm als bloße Schatten. Als einzige Möglichkeit für eine persönliche Zukunft über den Tod hinaus galt das Weiterleben in den Nachkommen, besonders im Nachruhm.

Das Elysium und die Inseln der Seligen

Man war zwar seit jeher von der Vergeltung für alles Tun überzeugt, konnte sich jedoch den Lohn für ein gutes und die Strafe für ein schlechtes Verhalten nur innerhalb des irdischen Lebens vorstellen, wenn auch nicht immer im Geschick des einzelnen, so doch in dem seiner Nachkommen. Das Dasein im unterirdischen Haus des Hades, in welchem die Toten als Schatten weiterexistieren, war hingegen für alle Toten gleich. Eine Ausnahme davon gab es zunächst nur für die Lieblinge der Götter, die an einen seligen Ort entrückt wurden. Das bezeugen zumindest zwei klassische Texte: In Homers *Odyssee* wird Menelaos, dem Gatten Helenas, geweissagt, er werde nicht dem Todesschicksal der gewöhnlichen Sterblichen folgen, sondern als Schwiegersohn des Zeus, aus dessen Verbindung mit Leda Helena hervorgegangen war, an die Grenzen der Erde, *«zum Elysischen Felde (Elysion pedíon) versetzt werden, wo die Menschen leicht, unter ewigem Zephyr, leben»* (IV 561–569). Ähnlich wurden nach Hesiod die Helden des homerischen Zeitalters, soweit sie nicht im Kampfe fielen, von Zeus an die Grenzen der Erde versetzt, zu den *«Inseln der Seligen (makáron nesoi), am Rande der tiefen Strudel des Okeanos»*, wo sie *«als selige Heroen wohnen, denen die kornspendende Erde dreimal im Jahr honigsüße Frucht in Fülle trägt»* (Erga 166–172). Im äußersten Westen jenseits des Sonnenunterganges gelegen, waren diese Inseln unterschieden vom Totenland unter der Erde wie vom Bereich der Götter über der Erde. Sie wurden irgendwo im Atlantischen Ozean lokalisiert – vielleicht auf Grund einer vagen Kunde von den Kanarischen Inseln, die heute ja von der modernen Tourismusindustrie wegen ihres ewigen Frühlings als Ziel für ein angenehmes Überwintern angeboten werden.

Mit Elysion war wohl dasselbe gemeint wie die Inseln der Seligen. Aeneas gelangte auf seiner Unterweltfahrt *«in das heitere Gebiet, in des glücklichen Haines anmutsvolles Gehäg/und der Seligen frohe Behausung./Hier umkleidet die Flur mit purpurnem Licht der Äther/weiter gewölbt, mit besonderm Gestirn und besonderer Sonne./Einige üben den Leib auf der Kampfbahn hier in dem Rasen,/messen im Wettstreit sich und ringen im gelblichen Sande;/andere schwingen die Füße zum Tanz und stimmen ein Lied an/... Andere sieht er, die rechts und links im Grase gelagert/speisen und froh im Chor anstimmen den jubelnden Päan* [Dank-, Loblied], */zwischen den Lorbeern dort im duftigen Hain, wo der volle/Strom des Eridanus* [mythischer Fluß im fernen Westen] *sich von den Höhen herab durch den Wald wälzt ...»* (Vergil, Aeneis VI 637–658).

Erst seit der Mitte des ersten vorchristlichen Jahrtausends wurde bei den Griechen der Gedanke eines besonderen Ortes für die «Götterlieblinge» bzw. die «Götterfeinde» auf alle Verstorbenen ausgeweitet. Zunächst glich man das Schicksal der im Kampf für die Vaterstadt Gefallenen dem der Heroen der Vorzeit an. Doch dann setzte sich immer mehr die Vorstellung durch, daß auch bei den gewöhnlichen Sterblichen das Schicksal der Frommen und der Ruchlosen nach dem Tode nicht dasselbe sein konnte. Vermutlich unter ägyptischem und persischem Einfluß entstand die Vorstellung von einem Totengericht, das den Verstorbenen je nach den guten und schlechten Taten ihren Aufenthalt entweder auf den elysischen Gefilden und den Inseln der Seligen oder im Tartarus zuwies, einem besonderen Ort für die Peinigung

13. *Totengericht: Anubis führt den Verstorbenen herein,*
Ausschnitt aus dem Totenbuch des Hunefer, Regierungszeit Sethos' I.

herausragender Feinde der Götter noch tief unterhalb des Hades, der Unterwelt. Manchmal stellte man sich auch vor, daß innerhalb des Hades verschieden abgestufte Abteilungen bestünden, die einen von paradiesischem Charakter, andere mit weniger angenehmen Eigenschaften.

Lichterfahrungen in den Mysterienkulten

Die antiken Mysterienkulte nahmen eine Sonderstellung ein, da sie neben dem Schutz vor den Widrigkeiten des diesseitigen Lebens ihren Anhängern auch ein besseres Los im Jenseits in Aussicht stellten als es den gewöhnlichen Sterblichen, den Nichteingeweihten, beschieden war. Das entsprach einem Bedürfnis, das die Volksreligion offenbar nicht befriedigen konnte. Denn sie zeigte kein besonderes Interesse an einer Hoffnung auf ein besseres Leben im Jenseits, und ihre Energie war ganz auf den Dienst an der Polis, auf das Wohlergehen und die Fortdauer der Stadt und des Stammes oder Volkes ausgerichtet, was die Vorstellungen vom Schattendasein der Verstorbenen tatsächlich auch bestätigen. Die Kulte des Dionysos und des Orpheus oder der Demeter in Eleusis bei Athen zielten hingegen auf die Teilhabe an einem glücklichen Dasein nach dem Tode.

Auch wenn wir darüber leider nichts Genaueres wissen, so haben all diese Mysterien doch gemeinsame Züge. Um der menschlichen Seele, beschwert durch den Körper, den heilbringenden Weg zu zeigen, praktizierte man Prozeduren der Initiation, d.h. einer Einweihung in ein heiliges «Mysterium» (Geheimnis). Das Gewicht lag dabei weniger auf der Verkündung von Moralvorschriften, sondern auf Reinigungsriten, welche die Einzuweihenden in liturgischen Zeremonien vom Zustand des Kindes (*nepios*) zu dem des Vollkommenen (*teleios*) führen sollten. Höhepunkt war die Mitteilung des «Mysteriums», das nicht in Lehrsätzen bestand, sondern im Erzählen einer heiligen Geschichte, die meist von Tod und Auferstehung der Natur oder eines Gottes handelte.

Die Mysterienkulte führten häufig bei den Teilnehmern zu ekstatischen Zuständen, in denen die Seele auf der Reise zum Sitz ihres Gottes Dinge schaute, deren Bildinhalte geradezu paradiesisch anmuten. Aus der Schrift *Die menschliche Seele* des antiken Autors Plutarch (gestorben 125 n.Chr.) hat sich ein Fragment erhalten, das das Sterben mit den Erfahrungen vergleicht, die dem Eingeweihten zuteil werden, wenn er nach der Dunkelheit, dem Grauen, Zittern und Entsetzen der

Initiation die beseligende Schau erlebt: «*Ihm erscheint wundersames Licht ... lichte Gegenden und Wesen nehmen ihn auf, wo Ehrfurcht gebietende Klänge und Tänze, heilige Lieder und himmlische Schauspiele aufgeführt werden. In ihnen wandelt der nun Vollendete frei und ledig und schwärmt bekränzt in Gesellschaft heiliger und reiner Männer ...*»

Der Himmel als «lichterfülltes Haus des Lobgesanges»

Um die Mitte des ersten vorchristlichen Jahrtausends kam durch den Perser Zarathustra (als Zoroastres u. a. erwähnt bei Plato und Plutarch) noch ein neues Element in die Jenseitsvorstellungen der Antike. Die Frage des Fortlebens nach dem Tod weitete sich zu einem kosmischen Drama aus, das den Menschen in die Perspektive eines Kampfes zwischen guten und bösen Mächten hineinstellte.

Über Zarathustra, dessen Leben und Wirken in die Zeit zwischen 1200 und 600 v. Chr. angesetzt wird, haben wir nur unsichere Nachrichten. Er muß ein Ekstatiker und Visionär gewesen sein, da es von ihm heißt, er sei von einem Lichtwesen zum Himmel geführt worden, wo sich ihm der einzige Gott offenbarte, Ahuramazda («Der weise Herr»). Er war umgeben von «Mächten», sechs an der Zahl, die Zarathustra dann in vielen Unterredungen in die Geheimnisse der übernatürlichen Welt einwiesen. Er erkannte die Weltgeschichte als den Kampf zweier Reiche, einer reinen Lichtwelt, über die Ahuramazda herrscht, und einer Welt der Finsternis, beherrscht von Ahriman («Der Arggesinnte»), dem alles Verderbliche, Lasterhafte und Unreine zugehört. Er lernte die vielen guten und bösen Geistwesen kennen, die bestrebt sind, die Menschen ihrem jeweiligen Reich zuzuführen. Und er erfuhr, daß der einzelne Mensch frei ist, sich für eine von beiden Mächten zu entscheiden, und nach seinem Tod einem Gericht unterworfen wird.

Bei diesem Gericht, das in zwei Phasen abläuft, wird der Verstorbene zunächst dem Urteil einer Waage ausgesetzt, welche die guten Gedanken, Worte und Taten seines Lebens gegenüber den bösen abwägt. Falls das Gute überwiegt, vermag die Seele, von ihrem Gewissen in Gestalt eines schönen Mädchens geführt, die «Brücke des Urteils» (*cinvant*) zu überqueren, um in eine paradiesische Existenz einzugehen. Überwiegt hingegen das Böse, so ist es eine häßliche alte Frau, die zur Brücke führt, die sich beim Begehen immer mehr verengt, so daß die Seele in einen tiefen, schmutzigen Abgrund stürzt. Die zweite Phase spielt dann in der Endzeit, in der Ahuramazda beim letzten Kampf zwischen Gut und

Böse siegreich sein und durch einen Heilsbringer/Erlöser eine endgültige, in Ewigkeit fortdauernde Ära des Glücks und des Friedens herbeiführen wird. Erst jetzt kommt es zu einer Auferweckung der Toten und zum endgültigen Gericht, das die Auferstandenen je nachdem, wie sie gelebt haben, in den Himmel oder in die Hölle schickt.

Bemerkenswert ist an der Lehre Zarathustras, daß die Seelen der Verstorbenen nicht, wie in den früheren Religionen des Nahen Ostens und Griechenlands, in die finstere Unterwelt hinabsteigen, sondern, wenn sie recht gelebt haben, «zum Himmel auffahren», zum «lichterfüllten Haus des Lobgesanges», wo ihnen Ahuramazda «Heil und Unsterblichkeit in seinem Reich» gewährt – ein Gedanke, der möglicherweise auch die Pythagoreer und Plato inspiriert hat.

Philosophische Himmelsmythen

In der griechisch-römischen Antike wird das Jenseits seit der Mitte des ersten vorchristlichen Jahrtausends ebenfalls immer mehr in den Bereich der Sterne verlegt, die man sich als beseelte Wesen vorstellte, bestehend aus einem unendlich feinen und hell glänzenden «ätherischen» Stoff. Ein erstes Zeugnis dafür findet sich in einem Lehrgedicht des Parmenides (um 500 v. Chr.), das schildert, wie der Philosoph auf dem Sonnenwagen des Helios dem Licht entgegenfuhr und dort oben von der Göttin der Gerechtigkeit eine Offenbarung über die Wahrheit des Seins empfing. Ähnlich verwendete Plato das Bild von der Schau der ewigen Ideen, die in einem Bereich jenseits der mit den Sinnen erfaßbaren Welt angesiedelt sind. Andere griechische Autoren folgen diesen Vorbildern, bis hin zum Römer Cicero, der im *Traum des Scipio* seinen Helden zu den Gestirnen reisen läßt, wo er von seinem Großvater Belehrungen über das rechte Leben erhält.

Wenn es in seiner Philosophie um den Lohn für das rechte Leben ging, griff Plato mehrfach zu Mythen über das Schicksal der Seelen im Jenseits. Er war sich dabei durchaus bewußt und sagte es auch ausdrücklich, daß die mythische Rede für sich allein keine Beweiskraft hat, daß ihr aber eine innere Glaubwürdigkeit innewohnen kann. Während der Lohn für ein gutes Leben im Dialog *Gorgias* das Wohnen auf den Inseln der Seligen ist, geht Plato in anderen Schriften über die traditionellen antiken Bilder hinaus. Im Dialog *Phaidon* spricht er von einer «reinen Behausung» für die guten Menschen, in deren Heiligtümern nicht mehr die Bilder der Götter, sondern die Götter selbst wohnen, also ein echtes Miteinander von Göttern und Menschen zustande kommt. Über die Beschaffenheit dieses Ortes läßt sich Plato im Dialog *Phaidros* näher aus. Danach gibt es über dem materiellen Himmel, in dem die Götter leben, noch einen geistigen Ort, in dem die Ideen existieren. In gelegentlichen Ausflügen gelangen auch die Seligen im Gefolge der Götter dorthin, wo sie, wenn auch nur bruchstückhaft, die Wahrheit schauen können.

In seinem großen Hauptwerk, dem *Staat*, erzählt Plato einen weiteren Mythos. Darin berichtet ein vom Tod ins Leben zurückgekehrter Krieger namens Er, was er im Jenseits erlebt hatte: Er sei an einen Ort gekommen, wo sich die Seelen der Verstorbenen wieder begegneten, nachdem sie tausend Jahre lang je nach ihren vergangenen Taten entweder durch die Unterwelt oder durch den Himmel hatten wandern müssen, bevor sie dann in ein neues Leben zurückgeschickt wurden. Beim Austausch ihrer Erfahrungen hätten diejenigen, die den Himmel durchwandern durften, *«von ihrem Wohlergehen erzählt und von dem unbeschreiblich Schönen, das sie geschaut haben ... Sie wären in eine Region gekommen, wo man von oben herab einen ... Lichtstrom gesehen habe, ganz dem Regenbogen vergleichbar, aber heller und reiner.»*

Nirvana und «Reines Land»

Schon Pythagoras und andere frühgriechische Denker hatten die Lehre von der Seelenwanderung vertreten. Auch Plato sah in ihr einen Weg der moralischen Läuterung, da ihm ein Aufstieg der Seele in den göttlichen Bereich ohne eine angemessene Sühnung all ihrer Verfehlungen und ohne ihre Loslösung von allen ungeordneten Begierden undenkbar erschien: Der Habgierige beispielsweise wird als Wolf oder Geier, der Rechtschaffene als Ameise oder Biene und schließlich als ein Mensch wiedergeboren. Nur wer sich in der menschlichen Existenz dreimal bewährt hat, indem er maßvoll und als Freund der Weisheit gelebt hat, kann schließlich vom Zwang des Wiedergeborenwerdens erlöst werden (Phaidon 81 e; Phaidros 249 a).

Man kann vermuten, daß sich hier bei den Griechen Einflüsse aus der indischen Religiosität und Philosophie bemerkbar machten. Der Hinduismus lehrt in vielerlei Varianten eine ständige Abfolge von Wiedergeburten auf den verschiedenen Ebenen der Erscheinungswelt. Solange die Seelen in das Verlangen nach der Welt verstrickt sind, wer-

14. *Der Buddha Amitabha auf dem Pfauenthron*

den sie in der Tier- oder Menschenwelt, sogar in den Himmeln und Höllen, immer neu wiedergeboren. Die Wiedergeburt in eine höhere oder niedere Ebene hängt vom moralischen Gesetz des «Karma» ab, nach dem gute Handlungen positive und schlechte Handlungen negative Konsequenzen nach sich ziehen, die sich unweigerlich in diesem oder in einem späteren Leben auswirken.

Der unendliche Kreislauf der Wiedergeburten wird jedoch als ein gnadenloser Mechanismus gesehen, dem man gerne entrinnen möchte. Wer als Mensch wiedergeboren wird, erhält dazu die Chance. Er kann durch harte Askese und gute Taten auf dem Weg zur Befreiung voranschreiten, um schließlich, eventuell nach mehreren Wiedergeburten als immer vollkommenerer Mensch, die endgültige Erlösung im Nirvana zu erreichen. *Nirvana* (aus dem Sanskrit: *nir* = nicht und *va* = wehen) meint im Buddhismus das Verlöschen jedes Verlangens und aller Leidenschaften und Begierden. Es ist kein Ort, vielmehr ein Zustand. Da der Buddhismus kein fortdauerndes Selbst als Seele anerkennt, bedeutet das Nirvana für einige Richtungen die Vernichtung schlechthin, von anderen wird es aber auch positiv als die Erfahrung von Wahrheit, Ruhe, Reinheit und Seligkeit beschrieben, hierin der christlichen Mystik nicht unähnlich. Wer diesen Zustand erreicht, für den hört jedenfalls der Zwang zur Wiedergeburt auf. Ein ähnlicher Begriff im Hinduismus ist *mokscha* (aus dem Sanskrit für «Befreiung»), welche die Vereinigung mit Gott oder dem Absoluten bezeichnet.

Nach einer Richtung innerhalb des Buddhismus, die auf das 4./5. nachchristliche Jahrhundert zurückgeht, gibt es das jenseitige Reich des Buddha Amitabha oder Amida, das paradiesische Züge trägt. Nach der Überlieferung war Amida ein König, der erst Mönch und dann durch gute Taten und dem Dienst an seinen Mitmenschen zu einem Buddha wurde. Aus Mitleid mit den Menschen erschuf er ein «reines Land», welches die Vollkommenheiten aller Länder der Erde enthält. Amidas Anrufung im Augenblick des Todes beseitigt alle negativen Folgen des Karmas und verhilft zur Wiedergeburt in jenem reinen Land. Viele Texte beschreiben es als im Westen gelegen, ohne Krankheiten und Leiden. Es sei mit edelsteinbesetzten Bäumen, Lotus-Teichen, Terrassen und klingenden Glocken ausgestattet; der Gesang herrlicher Vögel und das Spiel von Musikanten erzeuge wohlklingende Melodien, die in den Ohren derer, die sie hören, in die Lehre Buddhas verwandelt werden. Der Aufenthalt in diesem reinen, von allen bösen Einflüssen freien Land ermöglicht es denen, die dorthin gelangt sind, schnell und leicht ins Nirvana einzugehen.

Zukunftserwartungen bei den Juden

Viele Leser dürften darüber überrascht sein, daß die hebräische Bibel, das Alte Testament, ursprünglich weder eine Auferstehung von den Toten noch eine jenseitige Welt des Heiles kannte; Erwartungen, die später in der jüdisch-christlichen Tradition eine so große Rolle spielen. Noch in der Zeit der israelitischen und judäischen Könige, also bis zur Mitte des ersten vorchristlichen Jahrtausends, stellte man sich das Sterben als ein Hinabsteigen in die Unterwelt vor, wo die Toten nur noch als Schatten existierten. Und für die Zukunft des Volkes Israel baute man zwar in Zeiten der Not auf Gottes Hilfe, rechnete aber nur mit seinem lenkenden Eingreifen zur Abwehr der Feinde und Wiederherstellung von Frieden und Wohlergehen. Erst nach dem großen Einschnitt in der Geschichte des jüdischen Volkes, der Zerstörung Jerusalems durch den babylonischen König Nebukadnezzar im Jahr 587 v. Chr. und der Deportierung großer Teile der Oberschicht ins Exil nach Babylon, tauchten neue Vorstellungen auf.

Die Wiederkehr paradiesischer Zustände

Erstaunlicherweise finden sich jetzt bei den biblischen Propheten Visionen von einer wunderbaren, von Gott bewirkten Wiederherstellung des in den Kriegen verwüsteten Landes, in denen Erinnerungen an das anfängliche Paradies aufscheinen: «*Dann wird man sagen: Dieses verödete Land ist wie der Garten Eden geworden*» (Ez 36,35); oder: «*Der Herr hat Erbarmen mit Zion, er hat Erbarmen mit all seinen Ruinen. Seine Wüste macht er wie Eden, seine Öde wie den Garten des Herrn*» (Jes 51,3). Wie in diesem Jesaja-Wort wurde das Motiv des Gartens Eden häufig mit dem Motiv von einer Erhöhung Zions/Jerusalems am Ende der Tage verbunden und die heilige Stadt dabei – entgegen den tatsächlichen geographischen Gegebenheiten – in eine blühende Landschaft versetzt, in der Wasserfülle herrscht und schmackhafte Früchte gedeihen: «*An jenem Tag wird aus Jerusalem lebendiges Wasser fließen, eine Hälfte zum Meer im Osten und eine Hälfte zum Meer im Westen; im Sommer und im Winter wird es fließen. Dann wird der Herr König sein über die ganze Erde*» (Sach 14,8–10); und ähnlich: «*Dann werdet ihr erkennen, daß ich der Herr, euer Gott, bin und daß ich auf dem Zion wohne, meinem heiligen Berg ... An jenem Tage triefen die Berge von Wein, die Hügel fließen über von Milch, und in allen Bächen Judas strömt Wasser. Eine Quelle entspringt im Hause des Herrn und tränkt das Schittim-Tal* [die Jordansenke]» (Joel 4,17–18).

Ein besonders anschauliches Beispiel ist die große Vision des Propheten Ezechiel, der im Exil zu Babylon die Wiederherstellung des Volkes Israel in Palästina mit dem Tempel zu Jerusalem als Zentrum ankündigt (Ez 40–48). Am Beginn des Textes heißt es: «*In göttlichen Visionen brachte er mich ins Land Israel und stellte mich auf einen sehr hohen Berg. In südlicher Richtung war auf dem Berg etwas wie eine Stadt gebaut ...*» (Ez 40,2). Nach einer langen Beschreibung des neuen Tempels, die ihm von einem engelhaften Mann erläutert wird (Ez 40–46), fährt der Prophet fort: «*Dann führte er mich zum Eingang des Tempels zurück, und ich sah, wie unter der Tempelschwelle Wasser hervorströmte und nach Osten floß ... Dann führte er mich durch das Nordtor hinaus ... und ich sah das Wasser an der Südseite hervorrieseln ...*» (Ez 47,1–2). Geleitet vom Engel geht der Prophet im Wasser weiter, das ihm erst bis zu den Knöcheln, dann bis zu den Knien und zu den Hüften reicht, und schließlich ein gewaltiger Fluß wird, der in den Jordangraben strömt und dort das bisher lebensfeindliche Tote Meer zu einem fischreichen Gewässer macht. Mit einem Hinweis auf den paradiesischen Baum des Lebens endet die Vision: «*An beiden Ufern des Flusses wachsen alle Arten von Obstbäumen. Ihr Laub wird nicht welken, und sie werden nie ohne Frucht sein. Jeden Monat tragen sie frische Früchte; denn das Wasser des Flusses kommt aus dem Heiligtum. Die Früchte werden als Speise und die Blätter als Heilmittel* [!] *dienen*» (Ez 47,12).

Die Anspielungen der Propheten der Exilszeit auf eine Wiederkehr des ursprünglichen Paradieses wollten vermutlich nur mit poetischem Überschwang die Wiederherstellung und Erneuerung des irdischen Davidreiches ankündigen. Sie lassen aber bereits gewisse Züge erkennen, die für die reiche Literatur des Judentums in den nachfolgenden Jahrhunderten typisch sind.

Die visionären Schriften der Apokalyptiker

Das babylonische Reich wurde im Jahre 539 v. Chr., schon ein halbes Jahrhundert nach der Zerstörung Jerusalems, von den Persern erobert, die den Juden eher wohlgesinnt waren. Die Deportierten erhielten die Erlaubnis zur Heimkehr, ein Teil von ihnen kehrte nach Judäa zurück, während viele in Mesopotamien blieben. Beide Gruppen wurden jedoch für zwei Jahrhunderte zu Untertanen des Perserreiches, das vom Indus bis zum Mittelmeer reichte, bis Alexander der Große die Perser unterwarf und das Reich nach seinem Tod im Jahre 323 unter seine Generäle, die Diadochen (= Nachfolger), aufgeteilt wurde. Judäa selbst kam zunächst für ein Jahrhundert unter die Herrschaft der griechischen Ptolemäer, die in Ägypten regierten, bis es im Jahre 200 an die ebenfalls griechischen Seleukiden fiel, die Vorderasien beherrschten.

In diesem langen Zeitraum der Begegnung mit der persischen und der griechisch-hellenistischen Kultur kamen die Juden in Kontakt mit neuen Formen der Religiosität, darunter offenbar auch mit den Lehren des Persers Zarathustra. Das wirkte sich zwar nur wenig auf die grundlegenden Werke der hebräischen Bibel aus, die noch in der Perserzeit ihre endgültige Gestalt erhielt, fand jedoch einen Niederschlag in manchen Aussagen der späten Prophetenbücher, vor allem aber in zahlreichen jüdischen Schriften, die in den Jahrhunderten vor der Zeitenwende entstanden.

Innerhalb dieser reichhaltigen Literatur entfaltete sich besonders die Gattung der sogenannten Apokalypsen. Sie waren weitgehend das Ergebnis schlimmer Heimsuchungen, die über das jüdische Volk im 2. Jahrhundert v. Chr. hereinbrachen. Denn während die Juden bis dahin von der grundsätzlichen religiösen Toleranz im Perserreich und in den hellenistischen Diadochenreichen profitieren konnten, kam es zum Konflikt, als der Seleukidenkönig Antiochus (175–164 v. Chr.) den Tempel zu Jerusalem plünderte und versuchte, dort mit Gewalt heidnische Kulte einzuführen. Dem widerstanden viele Juden bis zum Martyrium, andere eröffneten unter ihrem Anführer Judas Makkabäus den Partisanenkampf. Zugleich entwickelte sich damals eine rigorose Opposition zur religiösen und politischen Kultur des Hellenismus, die durch ihre Schriften großen Einfluß auf die nachfolgenden Generationen ausüben sollte.

Die Bezeichnung Apokalypsen kommt vom griechischen Wort *apokalyptein* (offenbaren/enthüllen), weil in diesen Werken verborgene Dinge aus der Vergangenheit mitgeteilt und künftige Ereignisse vorhergesagt wurden. Nach einem damals häufigen Brauch legten die anonym bleibenden Autoren ihre Offenbarungen großen Gestalten

15. *Makkabäerschrein* in St. Andreas, Köln, 1504–1531

längst vergangener Zeiten in den Mund, neben Daniel auch Adam, Henoch, Abraham, Mose, Elija und anderen.

Typisch für diese Schriften sind dunkel gehaltene Visionen, deren symbolhaltige Bilder oft durch einen Engel oder dessen Stimme gedeutet werden. Neben ausführlichen Details über die gute und böse Engelwelt wissen sie vor allem über das zu erwartende Geschehen in der nahen Endzeit zu berichten, in der die Abfolge der irdischen Reiche mit dem Hereinbrechen des Gottesreiches ihren Abschluß findet. Es ging den Apokalyptikern dabei allerdings weniger um die Frage, was mit den einzelnen Individuen nach dem Tode geschieht. Ihr vorzügliches Interesse galt der künftigen Welt, einem neuen Äon, der vom gegenwärtigen klar und scharf unterschieden wurde. Sie sahen die Verfolgungen, denen sie ausgesetzt waren, als Teil des weltgeschichtlichen Kampfes zwischen Gott und Satan, der aber «in den letzten Tagen» mit dem Sieg des Guten über das Böse enden wird. Sie vertrauten darauf, daß Gott, um seine Verheißungen nicht hinfällig zu machen, diejenigen unter den «Seinen», welche in den Drangsalen der Verfolgung bereits gestorben waren, nicht dem Tod überlassen, sondern sie beim Hereinbrechen der Endzeit wieder zum Leben erwecken werde.

Die Vorstellung von einer individuellen Vergeltung der guten und bösen Taten bewirkte, daß die bis dahin nur triste Unterwelt zu einer qualvollen Hölle und der Himmel zu einem Wohnort der Gerechten mit paradiesischen Zügen wurde. Wieweit dies auf persische Einflüsse oder auf die Weiterentwicklung von Ansätzen bei den biblischen Propheten zurückzuführen ist, kann nicht mit Sicherheit gesagt werden. Wir kennen viele Details von Zarathustras ursprünglicher Lehre hauptsächlich aus Texten, die erst zwischen dem 3. Jahrhundert vor und dem 9. Jahrhundert nach Christus aufgeschrieben wurden, weshalb auch eine wechselseitige Beeinflussung nicht auszuschließen ist. Jedenfalls schuf der Glaube an die Auferstehung der Toten und an eine neue Weltzeit, die den gegenwärtigen Äon der Sünde und des Todes ablösen wird, geradezu eine neue Religion.

Zwar fanden die jüdischen Schriften jener Zeit, abgesehen von Buch Daniel, keinen Eingang in die hebräische Bibel. Sie haben jedoch das Judentum, vor allem aber auch das Christentum entscheidend geprägt. Im Neuen Testament hat man an die 400 Stellen gezählt, die auf diese außerbiblische Literatur Bezug nehmen, und der protestantische Theologe Ernst Käsemann stellte in einem 1960 erschienenen Aufsatz sogar die These auf, die Apokalyptik sei «die Mutter der ganzen christlichen Theologie».

Der neue Äon

In den Schriften der Apokalyptiker ist tatsächlich ein neues Daseinsverständnis unverkennbar. Sie erwarteten einen neuen Himmel und eine neue Erde, herbeigeführt durch einen neuen Schöpfungsakt Gottes, der das, was bisher war, ablösen werde. Die Wiederkehr des Paradieses in der Endzeit wurde ausdrücklich mit dem Gedanken des ewigen Lebens verbunden. Denn der Garten Eden wird zum *«Garten der Gerechten»* (äthHen 60,23), wo *«alle Auserwählten, die im Garten des Lebens wohnen»*, zusammen mit den Engeln Gott lobpreisen (äthHen 61,12). Noch deutlicher wird das künftige Paradies in einem anderen Text in den jenseitigen Äon verlegt. Nach einer Erinnerung an das göttliche Schöpfungswirken am Anfang der Welt, als Gott die Jahreszeiten, Jahre, Monate und Stunden einrichtete, *«damit der Mensch auf seinen Tod achte»*, heißt es weiter: *«Wenn aber die vom Herrn gemachte Schöpfung endet und jeder Mensch zum großen Gericht des Herrn kommt, dann vergehen die Jahreszeiten. Fortan gibt es keine Jahre,*

Monate und Tage mehr; auch Stunden gibt es fortan nicht mehr, noch kann man damit rechnen. Es beginnt das eine endlose Weltalter. Und alle Gerechten werden in dem großen Weltalter vereinigt, und sie werden ewig und unverweslich. Fortan gibt es keine Mühsal mehr bei ihnen, noch Krankheit noch Leid noch Angst noch Not noch Nacht noch Finsternis, sondern nur ein großes, endloses, unzerstörbares Licht. Und das große Paradies wird ihnen Obdach und ewige Wohnung sein. Sie erdulden nicht mehr die irdischen Ungerechtigkeiten ...» (slavHen 65,1–10).

Auch ein Bericht, in dem der Stammvater Adam seinem Sohn Set erzählt, wie er nach der Vertreibung aus dem Garten Eden einmal für eine gewisse Zeit vom Erzengel Michael *«zum Paradies der Gerechtigkeit entrückt»* wurde, versetzt offenbar das Paradies in den transzendenten Bereich, in dem sich Gott befindet. Denn Adam erwähnt jenen Wagen, der nach einer Vision des Propheten Ezechiel (Ez 1) als Thron Gottes galt: *«Da kam zu mir ... der Erzengel Michael, von Gott gesandt. Da sah ich gleich dem Winde einen Wagen, und seine Räder waren feurig ... Ich sah den Herrn da sitzen; sein Anblick war ein unerträglich brennend Feuer und viele Engel links und rechts vom Wagen».* Nachdem er Gott angebetet hatte, so erzählt Adam weiter, *«nahm Gottes Erzengel Michael mich alsbald bei der Hand, und trieb mich aus dem Paradies ... Dann rührte Michael mit einem Stab die Wasser, die jenes Paradies umflossen, und sie gefroren. Ich ging hinüber, Michael mit mir: Er brachte mich an jenen Ort, von dem er mich entrückt hatte»* (vita 25–29).

Das Paradies in den Himmelsreisen

Während die detaillierten Beschreibungen in den Totenbüchern der Ägypter über die verschiedenen Abteilungen der Unterwelt, die den Verstorbenen je nach ihren guten oder bösen Taten zugewiesen wurden, trotz der engen Kontakte zwischen den beiden Kulturen erstaunlicherweise das Alte Testament kaum beeinflußt hatten, fängt man in den Jahrhunderten vor der Zeitenwende an, sich für die genauere Topographie (Geländebeschreibung) der jenseitigen Welt zu interessieren. Die apokalyptische Literatur ist voll mit phantastischen Berichten über die Himmelsreisen einiger besonderer Lieblinge Gottes, in denen ihr Weg durch die verschiedenen Himmelsregionen, die sie auf ihrem Weg zum Thron Gottes durchschreiten, mit vielen Details ausgemalt ist. Ein anschauliches Beispiel für das Genre der Himmelsreise findet sich im ersten Teil von *Joseph und seine Brüder*, wo Thomas Mann, offensichtlich nach Motiven aus den apokalyptischen Schriften, einen «Himmelstraum» schildert, der den jungen Joseph über die Welt hinaus und vor Gottes Thron führt.

Derartige Reisen wurden beispielsweise jenem geheimnisvollen Henoch zugeschrieben, von dem die Bibel sagt, er sei *«von Gott aufgenommen worden»* (Gen 5,24), und ebenso dem Propheten Elija, der *«in einem feurigen Wagen mit feurigen Pferden im Wirbelsturm zum Himmel fuhr»* (2 Kön 2,11). Ähnliche Berichte gibt es über fast alle großen Gestalten der biblischen Vergangenheit wie Adam und Abraham, die Propheten Jesaja und Zefanja (Sophonias) oder Baruch, den Schüler Jeremias, und vor allem auch den Schriftgelehrten Esra (Esdras), der nach der Rückkehr der Juden aus dem Exil den Tempelkult neu ordnete. Auffällig an diesen Berichten ist, daß man dabei nicht – wie Odysseus oder Orpheus und noch Aeneas – in eine untere Welt hinabsteigt, sondern hinauf in den Bereich des Himmels. Parallelen dazu gibt es, wie bereits erwähnt, in der antiken Literatur, die das Jenseits seit der Mitte des ersten vorchristlichen Jahrtausends ebenfalls immer mehr in den Bereich der Sterne verlegte.

Am bekanntesten wurden die verschiedenen Berichte über die Himmelsreise des obengenannten Henoch, die in einer äthiopischen und einer slawischen Version erhalten sind. Danach habe er auf seinem Flug hoch über der Erde in Begleitung eines Engels alle Geheimnisse des Weltalls kennen gelernt: die Bahnen der Sonne, des Mondes und der Sterne, den Ursprung von Tau und Regen und der Jahreszeiten. Er habe auch den Wohnort der himmlischen Geister, den Garten Eden und die Höhlen gesehen, in denen die Seelen der Verstorbenen bis zum endzeitlichen Gericht aufbewahrt werden.

In einer Beschreibung seiner Himmelsreise (äthHen, Kap. 26–32) sieht Henoch das Paradies im Osten, jenseits des Erythräischen (Roten) Meeres: *«Dann kam ich zu dem Garten der Gerechtigkeit und erblickte unter den Bäumen, vielen und großen Bäumen, die dort wuchsen und wohlduftend, groß, sehr schön und kräftig waren, auch den Baum der Weisheit, von dessen Frucht die Heiligen* [Engel] *essen und große Weisheit erlangen. Dieser Baum gleicht, dem Wuchs nach, einer Fichte; sein Laub ähnelt dem des Johannisbrotbaums, seine Frucht ist wie die Weintraube sehr gut und der Duft des Baumes dringt weithin.»* In der slawischen Version heißt es: «*Da nahmen mich die beiden* [Engel], *trugen mich in den dritten Himmel und setzten mich hier mitten im Paradiese ab, an einem wunderschönen Ort. Jeder Baum blühte lieblich; jede Frucht reifte, alle Arten von Speise in überströmender Fülle mit allen Wohlgerüchen. Vier Ströme flossen sanft dahin, und jegliches Gewächs ist gut zur Nahrung. Und der Baum des Lebens war dort, wo Gott ruht, wenn er ins Paradies geht, und dieser Baum hat einen wundervollen Duft. Der andere Baum daneben, ein Ölbaum, spendete beständig Öl. Dort ist kein unfruchtbarer Baum, jeder Baum ist gesegnet. Und die Engel, die das Paradies bewachen, sind hellglänzend und dienen dem Herrn alle Tage, indem sie unaufhörlich und süß singen. Ich sprach: Wie lieblich ist dieser Ort»* (slavHen 8). Anschließend erhält Henoch noch Auskunft über den Zweck des himmlischen Paradieses: «*Die zwei Männer sagten zu mir: Henoch, dieser Ort ist für die Gerechten bereitet, die in ihrem Leben Ungemach erdulden und gekränkt werden und die ihre Augen von Ungemach abwenden und gerechtes Gericht üben ... Sie wandeln vor Gottes Angesicht und dienen ihm allein. Für solche ist dieser Ort bereitet zum ewigen Erbbesitz»* (slavHen 9).

Beide Henochbücher versetzen das Paradies in den dritten der Himmel, von denen sie insgesamt sieben aufzählen. In einer anderen Schrift bekommt Baruch ebenfalls im «dritten Himmel» von seinem Führerengel den Baum der Sünde Adams gezeigt (griechBar 4,8). Das 4. Buch Esra berichtet ähnliches (VII 88–101). Dahinter steht die Vorstellung, daß es im Himmel sozusagen verschiedene Stockwerke gibt. Manchmal sind es auch drei oder gar zehn «Himmel». Tatsächlich ist das hebräische Wort für Himmel *schamajim* ein Plural und wird in den griechischen Bibeltexten entweder in der Einzahl *ouranos* oder in der Mehrzahl *ouranoi* wiedergegeben.

Die auferstandenen Gerechten im himmlischen Paradies

Unter «Auferstehung» verstand das Judentum jener Zeit eine Wiedererweckung vom Tode durch einen besonderen Akt Gottes, der die Menschen in ihrem «Fleisch», d.h. nach dem Sprachgebrauch der Bibel in ihrer leib-seelischen Ganzheit, in ein neues Leben zurückruft. Wo von einer Auferweckung der «Seelen» oder «Geister» die Rede ist, war gemeint, daß die Schatten der Verstorbenen, die ohne eigentliche

Lebenskraft in der Scheol, der Unterwelt, dahinvegetieren, ihre leiblichen Kräfte wiedergewinnen.

Dieser Glaube erwuchs nicht aus neugierigen Spekulationen über die Umstände des Daseins nach dem Tode, sondern aus der viel drängenderen Frage nach der Gerechtigkeit Gottes: Ob nämlich Gott sein Versprechen einer kommenden Heilszeit auch an jenen bereits verstorbenen Frommen erfüllen werde, die an Stelle des Lohnes nur Leid und Verfolgung hatten erdulden müssen. Ein typisches Beispiel dafür ist die Erzählung von den sieben Brüdern und ihrer Mutter, die König Antiochus foltern und töten ließ, weil sie sich weigerten, Schweinefleisch zu essen. Denn einer der Brüder sagt zum König: «*Gott hat uns die Hoffnung gegeben, daß er uns wieder auferweckt. Darauf warten wir gerne, wenn wir von Menschenhand sterben. Für dich aber gibt es keine Auferstehung zum Leben*» (2 Makk 7,14). Der letzte Satz in der Rede des Knaben unterstellt, daß die Bösen in der Unterwelt bleiben, eine Ansicht, die sich auch in einigen anderen apokalyptischen Texten findet. Die Unterwelt wurde jetzt allerdings häufig als ein Ort der Strafe gesehen und entsprechend grausig ausgemalt.

Die meisten Schriften jener Zeit erwarteten, die allgemeine Auferstehung der Guten wie auch der Bösen werde in der Endzeit erfolgen. In manchen ist dann konsequenterweise ein besonderes Gericht vorgesehen, bei dem über das künftige Schicksal eines jeden gleich nach seinem Tod entschieden wird. In diesem Falle spielt das in den Himmel – meist in einen der Himmel – verlegte Paradies eine besondere Rolle: Es wird zum vorläufigen Wohnort der Frommen in der Zeit zwischen ihrem Tod und dem Endgericht, wobei der Kreis derer, die dort wohnen, verschieden eingegrenzt wird. Neben denen, die wie Henoch und Elija am Ende ihres Lebens, offenbar sogar ohne Tod, «entrückt» wurden, werden auch noch zusätzlich einige Gerechte, insbesondere Moses und die Patriarchen Abraham, Isaak und Jakob, als Bewohner genannt. Meist wird unterstellt, daß alle Gerechten Israels in der Endzeit dorthin gelangen, manchmal sind auch die Gerechten aus den anderen Völkern eingeschlossen.

Das Buch Daniel

In der Bibel selbst taucht der Gedanke einer Auferweckung der Toten zum ewigen Leben ein erstes Mal im Buch Daniel auf. Das Buch hat legendäre Züge. Daniel soll mit anderen Jünglingen von König Nebukadnezzar nach Babylon deportiert und dort zum Hofdienst bestimmt worden sein, was dazu führte, daß er sowohl unter den Babyloniern als auch unter den Persern, nachdem diese Babel erobert hatten, hohe Ämter bekleidete. Ein Kranz von Legenden (Die Jünglinge im Feuerofen – Daniel in der Löwengrube – Das Gastmahl des Belschazzar u.a.) erzählt, wie er sich als Traumdeuter hervortat und standhaft seinen Glauben an den einzigen Gott bekannte. Die Bedeutung des Buches liegt jedoch vor allem in den visionären Abschnitten, in denen Daniel weissagt, daß die irdischen Königreiche schon bald von der Herrschaft Gottes abgelöst würden. Sie sind zwar, ebenso wie die Legenden, ins babylonische Exil der Juden im 6. vorchristlichen Jahrhundert verlegt, dürften aber in Wirklichkeit in den schlimmen Jahren der Makkabäerzeit zwischen 167 und 164 v. Chr. verfaßt worden sein.

Über die Beschaffenheit des kommenden Gottesreiches macht Daniel keine näheren Angaben. In seiner Deutung des Traumes von den vier einander ablösenden Weltreichen sagt er lediglich, Gott werde am Ende der Zeiten ein Reich errichten, «*das in Ewigkeit nicht untergeht*» (Dan 2,44; ähnlich 7,27). Doch am Ende der großen Vision, welche die Schrecknisse der Makkabäerzeit schildert, kündigt ihm ein gewaltiger Engel die Auferweckung jener an, die in der Verfolgung verstorben sind: «*Dann kommt eine Zeit der Not, wie noch keine da war, seit es Völker gibt ... Doch dein Volk wird in jener Zeit gerettet, jeder der im Buch* [des Lebens] *verzeichnet ist. Von denen, die im Land des Staubes schlafen, werden viele erwachen, die einen zum ewigen Leben, die anderen zur Schmach, zu ewigem Abscheu. Die Verständigen werden strahlen, wie der Himmel strahlt; und die Männer, die viele zum rechten Tun geführt haben, werden immer und ewig wie die Sterne leuchten ...*» Und Daniel selbst erhält die Zusicherung, daß ihm nach der Ruhe im Grab doch noch sein Lohn zuteil werden wird: «*Du aber geh nun dem Ende zu! Du wirst ruhen, und am Ende der Tage wirst du auferstehen, um dein Erbteil* [die endzeitliche Belohnung] *zu empfangen*» (Dan 12,1–3 und 13).

Leibliche Auferstehung und Unsterblichkeit der Seele

Nicht immer ist allerdings in den Schriften jener Zeit von einer leiblichen Auferstehung die Rede. So erwartet das *Buch der Jubiläen* aus dem 1. Jahrhundert v. Chr. zwar eine Zeit des Heiles, sobald das Volk zu Gott umkehrt und erneut sein Gesetz beobachtet. Dann werde alle

Verfolgung mit der Vernichtung der bösen heidnischen Angreifer ein Ende haben und eine Zeit des Friedens beginnen, in der die Menschen tausend Jahre alt werden wie zu Anfang der Schöpfung. Doch scheint es, daß dabei die Leiber der Gerechten, die in den vorausgegangenen Wirren durch die Hand der Heiden ums Leben kamen, im Grabe bleiben, während ihr Geist beim Tode in die Gemeinschaft mit Gott eintritt. Denn so heißt es weiter: *«Sie werden* [von oben] *zuschauen und danken und sich freuen bis in alle Ewigkeit und werden an ihren Feinden all ihr Gericht und ihren Fluch sehen. Und ihre Gebeine werden in der Erde ruhen, und ihr Geist wird viel Freude haben, und sie werden erkennen, daß Gott es ist, der Gericht hält und Gnade übt an Hunderten und an Tausenden und zwar an allen, die ihn lieben»* (Jub 23,23–30).

Wir wissen nicht, ob in diesem Text bereits eine neue Auffassung vom Fortleben nach dem Tod zum Ausdruck kommt. Denn im Judentum verbreitete sich um die Zeitenwende auch der Gedanke einer «Unsterblichkeit der Seele», also eines Fortlebens allein des geistigen Anteils im Menschen, der im Tod nur seine Leiblichkeit abwirft. Dies geschah offenbar unter dem Einfluß gewisser Strömungen im hellenistischen Denken, nach denen die Seele wesenhaft aus dem Bereich der göttlichen Gestirne stammt und dorthin zurückkehren wird, wenn sie sich im Leben gottgemäß verhalten hatte; eine Auffassung, die bei den Juden wohl dahingehend modifiziert wurde, daß die Seele nicht von Natur aus unsterblich war, aber von Gott unsterblich geschaffen wurde. Jedenfalls sagt der jüdische Geschichtsschreiber Flavius Josephus in seinem Werk *Jüdische Altertümer* aus dem Ende des 1. Jahrhunderts n. Chr. über die Pharisäer, die große religiöse Bewegung im damaligen Judentum: *«Sie glauben auch, daß die Seelen unsterblich sind und daß dieselben, je nachdem der Mensch tugendhaft oder lasterhaft gewesen, unter der Erde Lohn oder Strafe erhalten, so daß die Lasterhaften in ewiger Kerkerhaft schmachten müssen, während die Tugendhaften die Macht erhalten,* [bei der Auferstehung] *ins Leben zurückzukehren»* (18,1,3).

Daneben hielt sich allerdings auch die alte Auffassung vom Schattendasein im Totenreich. Noch das Buch Kohelet (Prediger) aus dem 3. Jahrhundert v. Chr. betonte: *«Der Mensch unterliegt dem Geschick* [des Todes], *und auch die Tiere unterliegen dem Geschick. Sie haben ein und dasselbe Geschick. Wie diese sterben, so sterben jene. Beide ha-*

ben ein und denselben Atem. Einen Vorteil des Menschen gegenüber dem Tier gibt es da nicht» (Koh 3,19–21). Allerdings war dem Autor offenbar nicht fremd, daß es bereits andere Meinungen gab. Doch blieb er skeptisch: *«Wer weiß, ob der Atem des einzelnen Menschen wirklich nach oben steigt, während der Atem der Tiere ins Erdreich hinabsinkt?»* (Koh 3,21), und glaubte auch nicht an eine jenseitige Vergeltung: *«Ein und dasselbe Geschick trifft den Gesetzestreuen und den Gesetzesbrecher, den Guten, den Reinen und den Unreinen ... Ein lebender Hund ist besser als ein toter Löwe. Und: Die Lebenden erkennen, daß sie sterben werden; die Toten erkennen überhaupt nichts mehr. Sie erhalten auch keine Belohnung mehr ...»* (Koh 9,2–10).

Dies war wohl auch die Auffassung der konservativen Kreise um die Priesterpartei der Sadduzäer, von denen Josephus sagte: *«Die Lehre der Sadduzäer läßt die Seele mit dem Körper zugrunde gehen ...»* (18,1,44). Sie glaubten ebensowenig an ein ewiges Leben mit den Engeln im Himmel oder in einem Paradies wie an eine Auferstehung der Toten (vgl. Apg 4,2 und 23,6–8; Mk 12,18–27; Mt 22,23–32; Lk 20,27–40), da sie die Schriften der Apokalyptiker für Hirngespinste hielten und allein die Tora, die ersten fünf Bücher der Bibel, als göttliche Offenbarung anerkannten. In ihrer Mentalität, für die sich die Gottesherrschaft auf Erden im wahren Israel um den Jerusalemer Tempelkult verwirklichte, konnten Endzeiterwartungen nicht gedeihen.

Die Partei der Sadduzäer fand mit der Zerstörung des Tempels im Jahre 70 n. Chr. ihr Ende. So wurde die Hoffnung auf ein Leben nach dem Tod im Judentum der nachfolgenden Jahrhunderte zum selbstverständlichen Glaubensinhalt, sei es wegen der Erwartung einer Auferstehung des Leibes in der Endzeit, sei es wegen der Überzeugung, daß die Seele den körperlichen Tod überdauert. Noch im Reformjudentum des 19. und 20. Jahrhundert hielt man zumindest am Glauben an die unsterbliche Seele fest, auch wenn man nicht mehr mit der endzeitlichen Wiedervereinigung von Leib und Seele bei der Auferstehung rechnete – eine Entwicklung, die der im Christentum unserer Tage durchaus ähnlich ist.

Das himmlische Paradies der Christen

Wie sich gezeigt hat, gab es im Judentum der Zeit Jesu zwar noch keine klar ausgearbeitete und allgemein anerkannte Lehre vom Geschehen nach dem Tode und in der Endzeit, aber doch eine Vielfalt von Entwürfen. Alles, was das entstehende Christentum über die «letzten Dinge» diskutieren wird, war bereits in den Ansätzen und Fragestellungen der apokalyptischen Literatur enthalten.

Die Schriften des Neuen Testaments

Das Wort «Paradies» fällt im Neuen Testament nur an drei Stellen, wobei es jedesmal im jenseitigen Bereich lokalisiert wird: Paulus er-zählt in einem seiner Briefe von einer offenbar mystischen Schau, in der er noch zu Lebzeiten «*in den dritten Himmel ... ins Paradies entrückt wurde; ob es mit dem Leib oder ohne den Leib geschah, weiß ich nicht, nur Gott weiß es*» (2 Kor 12,2–4). In der Passionsgeschichte des Lukas sagt Jesus zu einem der beiden mit ihm gekreuzigten Schächer (d. h. Räuber, vielleicht auch Freiheitskämpfer): «*Heute noch wirst du mit mir im Paradiese sein*» (Lk 23,43). Und schließlich spricht die Offenbarung des Johannes «*vom Baum des Lebens, der im Paradiese steht,*» als Nahrung für den, der getreu ausgehalten hat (Offb 2,7).

Diese geringe Ausbeute darf nicht darüber hinwegtäuschen, daß es darüber hinaus eine Reihe von Formulierungen und Bilderreden gibt, die mit anderen Worten auf eine paradiesische Existenz im Himmel hinweisen, ohne das Wort ausdrücklich zu verwenden. Das gilt ebenso für die Rede von «Abrahams Schoß» oder von den «Wohnungen» im Himmel wie für die Aussagen Jesu über das nahende «Himmelreich» und vor allem für die Weissagungen der Offenbarung des Johannes vom «neuen Himmel und der neue Erde».

Ein Ort des Wartens auf die Auferstehung

Dem Wort Jesu an den reuigen Schächer: «*Heute noch wirst du mit mir im Paradiese sein*» geht dessen Bitte voraus: «*Jesus, denk an mich,*

16. *Abrahams Schoß*, Bamberger Dom, um 1230

wenn du in dein Reich kommst», oder nach einer anderen, vermutlich richtigeren Lesart: *«Jesus, denk an mich, wenn du mit deinem Reich kommst»* (Lk 23,42–43). Sowohl der Schächer als auch Jesus beziehen sich damit offensichtlich auf die Gedankenwelt der apokalyptischen Literatur, der Schächer durch seinen Glauben an das endzeitliche Gottesreich und Jesus durch die Zusicherung, noch heute, also sogleich nach dem Tod, würden sie beide an jenem paradiesischen Ort sein, wo die verstorbenen Gerechten auf ihre Auferweckung zu einem neuen Leben warten.

Zur Frage, was mit den Verstorbenen zwischen ihrem körperlichen Tod und der Auferstehung geschieht, gibt das Lukasevangelium noch einen weiteren Hinweis. Die Lehrerzählung Jesu vom reichen Prasser und vom armen Lazarus (Lk 16,19–31) beschreibt das verschiedene Geschick zweier Menschen nach dem Tode. Der Arme wurde *«von den Engeln in den Schoß Abrahams getragen»*. Der Reiche hingegen kam in die Unterwelt, *«wo er qualvolle Schmerzen litt»*. Als er nun den Patriarchen bittet, Lazarus mit einem Tropfen Wasser zu ihm zu schicken, damit er in den Feuerqualen seinen Durst stillen könne, gibt ihm Abraham zur Antwort, er habe auf Erden schon sein Teil erhalten, und fährt fort: *«Außerdem ist zwischen uns und euch ein tiefer und unüberwindlicher Abgrund, so daß niemand von hier zu euch und von dort zu uns kommen kann, selbst wenn er wollte»*.

Bei dem Bild von der tiefen Kluft und dem fingierten Dialog zwischen Abraham und einem Insassen der Unterwelt handelt es sich natürlich um eine symbolische Redeweise, die deutlich machen will, daß die Gerechten nach dem Tod an einen Ort des Friedens gelangen und die Bösen an einen Ort der Qual. Mit «Schoß Abrahams» ist dabei offensichtlich nicht jener Ort in der Unterwelt gemeint, in dem die Gerechten nach einigen apokalyptischen Schriften ohne Leiden auf das endzeitliche Gericht warten. Die Erwähnung der Engel, die Lazarus nach seinem Tod hinwegtrugen, läßt vielmehr an einen paradiesischen Ort denken, der oben, also im Himmel oder in einem der Himmel, liegt. Jedenfalls deutet das Wort «Schoß» auf einen Bereich hin, wo man sich wohlfühlt, wie das Kind in den Armen seiner Mutter. Für die Erwähnung des Patriarchen gibt es eine Parallele in einer damaligen jüdischen Schrift, nach der Abraham, Isaak und Jakob die um ihres Glaubens willen getöteten Märtyrer im Jenseits empfangen werden (4 Makk 13,17). Denn wie bereits erwähnt, glaubte man, daß die

Patriarchen ihrerseits nach dem Tod schon im Paradies Aufnahme gefunden hätten.

Die Erwartung einer Verwandlung der irdischen Welt

Die Ankündigung vom Nahen des Gottes- oder Himmelreiches (z. B. Mk 1,15) ist in der Botschaft Jesu zentral. Beide Ausdrücke meinen dasselbe, da «Himmel» damals eine bei den Juden aus Ehrfurcht häufig gebrauchte Umschreibung für Gott war. Das Wort verweist somit in diesem Zusammenhang nicht auf einen Ort außerhalb der Welt, etwa oberhalb des Firmaments, sondern auf das Königtum oder die Herrschaft Gottes bei den Menschen.

Jesus hat über dieses Reich allerdings nirgends theoretische Aussagen gemacht, sondern von ihm nur in Gleichnissen gesprochen, was unter den Bibelauslegern zu unendlichen Diskussionen über die Natur des Reiches und die Art und Weise seiner Ankunft geführt hat. Man darf jedoch unterstellen, daß Jesus in seiner Predigt von den Vorstellungen seiner jüdischen Zuhörer ausging, die darunter jenes von den Propheten und in den apokalyptischen Schriften angekündigte Reich des Friedens und des Heils verstanden, das diese Weltzeit beenden und eine ganz neue Welt heraufführen wird. Davon zeugt auch die endzeitliche Perspektive der Bitten im ersten Teil des «Vater unser», des Gebetes, das Jesus seine Jünger gelehrt hat: *«Dein Reich komme!»* zielt auf die Errichtung der Herrschaft Gottes. Ihre Eigenart wird durch das anschließende *«Dein Wille geschehe wie im Himmel, so auf der Erde!»* als ein bereitwilliger Gehorsam der Menschen nach dem Vorbild der himmlischen Engel genauer bestimmt (Mt 6,9–13).

Oft hat Jesus das Himmelreich mit einer Mahlgemeinschaft, einem «himmlischen Gastmahl», verglichen, so im Gleichnis von der Hochzeit, zu der ein König einlud (Mt 22,1–14; Lk 14,15–24). Ein anderes Mal sagt er: *«Viele werden von Osten und Westen kommen und mit Abraham, Isaak und Jakob im Himmelreich zu Tische sitzen»* (Mt 8,11; Lk 13,29), und beim letzten Abendmahl verspricht er seinen Jüngern: *«Ihr sollt in meinem Reich mit mir an meinem Tisch essen und trinken ...»* (Lk 22,30). Auch damit griff Jesus Vorstellungen aus der jüdischen Überlieferung auf, die beispielsweise im Buch Jesaja die Völkerwallfahrt, zu der Gott anläßlich der endgültigen Aufrichtung seiner Königsherrschaft einlädt, als ein gewaltiges Fest schildert: *«Der Herr der Heere wird auf diesem Berg* [Jerusalem] *ein Festmahl geben mit den feinsten Speisen, ein Gelage mit erlesenen Weinen ...»* (Jes 25,6). Und nach einigen apokalyptischen Schriften wird einst das Fleisch der mythischen Ungeheuer Behemot und Leviatan den Erwählten im Paradies als Speise dienen (4 Esdras 6,52; syrBar 29,4).

Das himmlische Jerusalem als Vollendung des Gartens Eden

Die auffälligsten und eindeutigsten Reminiszenzen an das im Buch Genesis zu Anfang der Bibel beschriebene Paradies finden sich in der Offenbarung oder Apokalypse des Johannes, dem letzten Buch des Neuen Testaments. Es entstand vermutlich um das Jahr 95 n. Chr., sein Verfasser nennt sich Johannes und sagt, er sei um des Glaubens willen auf die Insel Patmos verbannt worden. Die christliche Überlieferung schrieb ihm auch das Johannesevangelium zu und sah in ihm den darin genannten Lieblingsjünger Jesu.

Das Buch gehört, wie schon sein Name «Offenbarung» sagt, zur literarischen Gattung der im Judentum jener Zeit weit verbreiteten Apokalypsen. Es schildert in einer eindrucksvollen, wenn auch manchmal verwirrenden Abfolge von symbolischen Visionen und Bildreden die großen Katastrophen, die über die Menschheit hereinbrechen werden. Doch will das Buch den verfolgten Christengemeinden Kleinasiens Aufmunterung und Trost spenden, indem es aufzeigt, wie Gott seine Erwählten durch diese vielen Drangsale am Ende der Geschichte zur ewigen Herrlichkeit führt. Diese wird in den beiden Endkapiteln in einer grandiosen Vision beschrieben, deren Details an das Dasein des ersten Menschenpaares im Garten Eden vor dem Sündenfall ohne Tod oder Mühsal und in inniger Vertrautheit mit Gott erinnert: *«Dann sah ich einen neuen Himmel und eine neue Erde ... Ich sah die heilige Stadt, das neue Jerusalem, von Gott her aus dem Himmel herabkommen; sie war bereit wie eine Braut, die sich für ihren Mann geschmückt hat. Da hörte ich eine laute Stimme vom Thron* [Gottes] *her rufen: Seht, die Wohnung Gottes unter den Menschen! Er wird in ihrer Mitte wohnen, und sie werden sein Volk sein; und er, Gott, wird bei ihnen sein. Er wird alle Tränen von ihren Augen abwischen: Der Tod wird nicht mehr sein, keine Trauer, keine Klage, keine Mühsal. Denn was früher war, ist vergangen»* (Offb 21,1–4).

Im weiteren Verlauf der Vision tauchen noch andere Motive – Wasser und Lebensbaum – aus der Beschreibung des Gartens Eden auf. Der Engel zeigt dem Seher *«einen Strom, das Wasser des Lebens, klar wie Kristall; er geht vom Thron Gottes und des Lammes aus. Zwischen der Straße der Stadt und dem Strom, hüben und drüben, stehen Bäume des Lebens. Zwölfmal tragen sie Früchte, jeden Monat einmal; und die Blätter der Bäume dienen zur Heilung der Völker»* (Offb 22,1–2). Vom Baum des Lebens, der diesmal sogar in vielen Exemplaren an den Ufern des Stromes wächst, war seit dem Buch Genesis in der Bibel nicht mehr die Rede gewesen, außer gelegentlich in der Spruchliteratur des Alten Testaments, die ihn im metaphorischen Sinn als die lebenspendende Kraft der Weisheit, der Gerechtigkeit u.a. pries. Jetzt spricht die Offenbarung des Johannes von der Erwartung, *«zu essen vom Baum des Lebens, der im Paradiese steht»* (Offb 2,7).

Während beim Garten Eden neben dem Gold nur von zwei Edelsteinen – Bdelliumharz und Karneolsteine – die Rede war, werden beim himmlischen Jerusalem jetzt derer zwölf aufgezählt: Jaspis, Saphir, Chalzedon, Smaragd, Sardonyx, Sardion, Chrysolith, Beryll, Topas, Chrysopras, Hyazinth und Amethyst: *« Sie glänzte wie ein kostbarer Edelstein, wie ein kristallklarer Jaspis. Die Stadt hat eine große und hohe Mauer mit zwölf Toren und zwölf Engeln darauf... Die Stadt war viereckig angelegt und ebenso lang wie breit ... Ihre Mauer ist aus Jaspis gebaut, und die Stadt ist aus reinem Gold, wie aus reinem Glas. Die Grundsteine der Stadtmauer sind mit edlen Steinen geschmückt ...»* (Offb 21,11–20).

Von einem jenseitigen Jerusalem als Erbin der göttlichen Verheißungen spricht auch der Apostel Paulus (Gal 4,24–31), und der Hebräerbrief erwähnt es als Aufenthaltsort der verstorbenen Erwählten (12,22). Das Motiv war im damaligen Judentum offenbar weit verbreitet. So heißt es in einer Schrift aus jener Zeit: *«Für euch ist ja das Paradies geöffnet, der Lebensbaum gepflanzt, die künftige Welt bereitet, die Seligkeit bereitgestellt, die Stadt erbaut, die Heimat auserwählt ...»* (4 Esra 8, 52). Daß hier mit der «Stadt» nicht das aus Steinen erbaute, sondern ein seit Ewigkeit im Paradies existierendes Jerusalem gemeint war, ergibt sich aus einer anderen Schrift, ebenfalls aus dem 2. nachchristlichen Jahrhundert. Sie läßt Gott sagen: *«Nicht diese Stadt vor euch mit ihren Bauten ist die künftige, die ich geoffenbart, die hier im voraus schon bereitet ist seit jener Zeit, wo ich beschloß, das Paradies zu schaffen. Ich zeigte sie dem Adam vor dem Sündenfall; sie ward ihm mit dem Paradies entzogen ... Ich zeigte sie auch meinem Diener Abra-*

17. *Bamberger Apokalypse*, Der Engel zeigt Johannes das über ihnen schwebende Himmlische Jerusalem, Buchmalerei um 1020

ham ... Und ich zeigte sie dem Moses auf dem Berge Sinai ... So wird sie jetzt bei mir bereitgehalten, mitsamt dem Paradies» (syrBar 4,3–6).

Mit der Beschreibung des himmlischen Jerusalem schließt sich ein großer Erzählbogen. Er begann im Buch Genesis, dem ersten Buch des Alten Testaments, und reicht bis zur Apokalypse des Johannes, dem letzten Buch im Neuen Testament. An die Stelle des Gartens, in dem einst nur das erste Menschenpaar lebte, tritt damit eine herrliche Stadt, die genug Raum bietet für eine unzählige Menge von Erwählten.

Spekulationen und Visionen

Die Christen der Zeit der Apostel lebten in der Erwartung der baldigen Wiederkunft Christi, bei der sie selbst *«beim Schall der Posaune»* in die Herrlichkeit Gottes *«verwandelt»* würden (1 Kor 15,52). Sie glaubten, daß dann auch jene Frommen, die bereits verstorben waren, auferweckt würden, um ebenso wie die noch lebenden an der Verwandlung teilhaben zu können. Da ihr ganzes Interesse jedoch auf die bevorstehende Endzeit gerichtet war, machten sie sich über die ihr vorausgehende Existenzweise der Toten wohl nur wenig Gedanken. Wendungen aus jener Zeit lassen vermuten, daß sie sich das Dasein der toten Gerechten als ein friedliches Ruhen im Grab oder in der Unterwelt vorstellten. So sagte Paulus einmal von den verstorbenen Gläubigen: *«Einige sind entschlafen»* (1 Kor 15,6), und bei der Steinigung des Diakons Stefanus heißt es wörtlich: *«Er entschlief»* (Apg 7,60), (was von der Luther-Bibel ungenau mit «Er verschied», und von der Einheitsübersetzung noch prosaischer mit «Er starb» wiedergegeben wird).

Erst auf Grund der Erfahrung, daß mehrere Generationen von Christen gestorben waren, ohne die Wiederkehr Christi zu erleben, stellte sich auf eine neue, drängende Weise die Frage, was mit den einzelnen Individuen zwischen ihrem Tod und der Auferstehung aller Toten beim Jüngsten Gericht geschehen wird. Davon zeugt nicht nur die häufige Behandlung des Themas bei den Theologen, sondern auch die Vielzahl an Legenden und visionären Berichten über Menschen, denen es schon zu Lebzeiten vergönnt war, einen Blick in die jenseitige Welt zu werfen.

Ein Zwischen-Aufenthalt im Paradies

Die theologischen Autoren der ersten christlichen Jahrhunderte waren weitgehend der Meinung, daß sowohl der eigentliche Himmel mit der beglückenden Schau Gottes als auch die echte Hölle mit ihren körperlichen Qualen bis zum Jüngsten Gericht verschlossen bleiben. Doch würden die Seelen der Verstorbenen bereits nach dem Tode getrennte Wege gehen: Die der Gerechten kämen an einen hellen, angenehm duftenden Ort, wo sie sich eines Vorgeschmacks der himmlischen Seligkeit erfreuen dürfen, die der Bösen hingegen in einen finsteren und stinkenden Bereich, wo die Aussicht auf das bevorstehende Höllenfeuer bereits brennende Schmerzen verursacht. Bei manchen Autoren findet sich auch der Gedanke eines Reinigungsprozesses, den jene Seelen, die weder besonders gut noch besonders schlecht gelebt haben, in der Zeit des Wartens durchlaufen müssen, bevor sie den Märtyrern und den Heiligen, die ohne Sündenlast gestorben sind, zugesellt werden können – ein Gedanke, aus dem sich im Mittelalter die katholische Glaubenslehre vom Fegefeuer entwickeln wird.

Den hellen, angenehmen Ort, wo die Seelen der Verstorbenen bis zur Auferstehung verweilen, bezeichnete man manchmal als den «Schoß Abrahams», wovon im Evangelium die Rede war, meist aber als das Paradies. Nur bei den Märtyrern, die in der Verfolgung für ihren Glauben den Tod erlitten hatten, war man sich sicher, daß ihre Seelen sogleich nach dem Tod dorthin gelangten. Diese Lehre wurde allerdings teilweise als problematisch empfunden, da die Seelen ja körperlos sind, während das Paradies eine irdische Realität war, das nur jene aufnehmen konnte, die leiblich «entrückt» worden waren, wie Henoch oder Elija und, wie man schon bald unterstellte, die Gottesmutter Maria. Jedenfalls war man sich sicher, daß die Märtyrer bei Gott im Himmel sind, wobei man sich auf die Offenbarung des Johannes berief. Darin heißt es in der großen Vision, in der der Seher den geöffneten Himmel schaut: *«Unter dem Altar sah ich die Seelen aller, die hingeschlachtet worden waren wegen des Wortes Gottes und wegen des Zeugnisses, das sie abgelegt hatten»* (Offb 6,9).

Oft schilderte man den Aufenthaltsort der Märtyrer auch als eine Vorstufe des Himmels, die paradiesische Züge trägt. Ein Beispiel dafür ist der Bericht über das Martyrium, das Perpetua und Felicitas und andere Christen im Jahre 203 im nordafrikanischen Karthago erlitten. Darin werden Träume und Visionen wiedergegeben, die den Gefangenen vor ihrer Hinrichtung zuteil wurden. So sah ein gewisser Sarturus, wie er selbst und Perpetua von vier Engeln in Richtung Osten getragen wurden, wo sie auf ein weites Gelände kamen, *«das einem Obstgarten glich, dessen Bäume Rosen und alle Arten von Blüten trugen. Die Bäume waren groß wie Zypressen und ihre Blätter ließen ein ständiges Gemurmel hören.»* Dort begegneten sie einigen der schon vor ihnen hingerichteten Märtyrern, bevor sie vor den göttlichen Thron geführt und von Christus herzlich empfangen werden. Danach treffen sie auf noch andere Christen: *«Wir wurden gerührt und umarmten sie … und wir gingen mit ihnen in den Lustgarten unter einen Rosenbaum ... wir alle wurden mit einem unbeschreiblichen Wohlgeruch erfüllt, der uns sättigte.»*

Typisch für die Vorstellung, die man sich von diesem Paradies machte, ist die Beschreibung in einer bis weit ins Mittelalter viel gelesenen Schrift, der aus dem 2. Jahrhundert stammenden *Apokalypse des Petrus.* Sie berichtet, was der Apostel Petrus während der Verklärung Jesu am Berg Tabor (Mt 17,1–8 par.) angeblich schauen durfte. Unter anderem habe ihm damals Jesus auf seine Bitte hin, den Ort der Verstorbenen sehen zu dürfen, das Paradies gezeigt: «*Einen weiten ausgedehnten Ort außerhalb dieser Welt, ganz schimmernd im Lichte, und die Luft dort durchleuchtet von Sonnenstrahlen, und die Erde selbst sprossend von unverwelklichen Blumen und voll von Gewürzkräutern und von Pflanzen, welche prächtig blühen und nicht verwelken und gesegnete Früchte tragen. So stark war der Blumenduft, daß er von dorther sogar bis zu uns herübergetragen wurde. Die Bewohner jenes Ortes waren bekleidet mit einem leuchtenden Engelsgewand, und ihr Kleid paßte zu ihrem Aufenthaltsort. Engel aber wandelten dort unter ihnen. Alle dortigen Bewohner hatten den gleichen Glanz, und mit einer Stimme priesen sie Gott den Herrn, sich freuend an jenem Ort.*» Ähnlich wird das Paradies in der später entstandenen *Apokalypse des Paulus* beschrieben, die den Apostel erzählen läßt, was er schaute, als er «in den dritten Himmel entrückt» wurde (2 Kor 12,1–5). Beide Schriften sind apokryph, d. h. von der Kirche nicht als authentisch anerkannt, haben aber bis in die Neuzeit hinein einen großen Einfluß auf die Volksfrömmigkeit ausgeübt.

Auch machte man sich Gedanken über die Beschäftigung der Seligen im Paradies. Einig war man sich darin, daß ihre hauptsächliche Tätigkeit, wie aus dem obigen Zitat hervorgeht, im Lobpreis Gottes bestand. Diese Vorstellung, heute gern als Inbegriff der Langeweile ins Lächerliche gezogen, wird erträglich, wenn man den Zustand der Seligen im Paradies als eine ewig andauernde und unendlich beglückende Ekstase versteht, in der jedes Gefühl für die Zeit abhanden kommt. In diesem Sinne ist wohl auch eine Aussage des Origenes (gestorben um 253/254) zu deuten, eines der bedeutendsten Theologen der frühen Kirche. Er war Lehrer an der Katechetenschule von Alexandrien und offenbar so begeistert von seinem Beruf, daß für ihn das Glück der Seligen im Paradies in einem ständigen Voranschreiten im Verständnis der Glaubenswahrheiten bestand. Er meinte nämlich, daß alle Heiligen, wenn sie aus diesem Leben scheiden, an einem Ort auf der Erde verweilen, den die Heilige Schrift Paradies nennt, gleichsam eine Stätte der Erziehung und sozusagen ein Hörsaal, eine Schule der Seelen. Dort werden sie über alles, was sie auf der Erde gesehen haben, belehrt, und sie erhalten auch Hinweise auf das Folgende, Bevorstehende, so wie sie in diesem Leben Hinweise auf das Bevorstehende, wenn auch nur *«durch einen Spiegel und in einem dunklen Wort»* bekommen hatten – Dinge, die dann deutlicher und klarer an ihrem Ort und zu ihrer Zeit offenbart werden. Die Belehrung geschehe erst durch Engel, führt Origenes dann weiter aus, bevor dann auf einer fortgeschritteneren Stufe Christus selbst diese Aufgabe übernimmt. Sogar im eigentlichen Himmel gehe das Lernen weiter, hinein in eine immer größere Annäherung an Gott selbst.

Auch Hinweise auf die Hoffnung auf ein Wiedersehen mit Verwandten und Freunden finden sich außer im oben zitierten Bericht über das Martyrium der heiligen Perpetua noch in vielen anderen frühchristlichen Schriften. Beispielsweise meint Cyprian, um die Mitte des 3. Jahrhunderts Bischof von Karthago: *«Als unsere Heimat betrachten wir das Paradies ... Eine große Anzahl von Lieben erwartet uns dort, eine stattliche, mächtige Schar von Eltern, Geschwistern und Kindern ... Unter ihre Augen, in ihre Arme zu eilen, welch große Freude für uns und sie zugleich!»*

Was die Lage des Paradieses angeht, dachten einige Autoren an den Garten Eden, der auf unserer Erde an einem entlegenen Ort in seinem ursprünglichen Zustand weiterbestand, auch wenn sein Zugang verschlossen blieb und nur mit besonderer Erlaubnis und unter Führung eines Engels möglich war. Für andere war das Paradies nach der Sünde der Stammeltern von der Erde weg in den Himmel versetzt worden, genauer gesagt in den «dritten Himmel», in den Paulus entrückt wurde, und den man nicht mit dem «siebten Himmel» der ewigen Seligkeit und der *visio beatifica* (beseligende Schau Gottes) verwechseln darf. Verbreitet war die Auffassung, die Isidor von Sevilla in *De ordine creaturarum* erwähnt, das himmlische Paradies liege oberhalb unserer Atmosphäre unmittelbar unter dem Firmament. Die Seelen der Gerechten würden in Ruhe in diesem *«sehr hellen Wohnort der unterhimmlischen Räume»* verweilen, bevor sie beim Jüngsten Gericht zum endgültigen Himmel aufsteigen, dem Himmel Gottes und der Engel oberhalb des Firmaments.

Die Zeugnisse der Mystik und ihr Niederschlag in der Kunst

Die reichhaltige mystische Literatur des Mittelalters brachte auch eine Fülle an visionären Berichten hervor, deren Autoren, vor allem auch Autorinnen die künftigen Wohnstätten der Seligen beschreiben. Zu nennen wären hier unter vielen anderen Hildegard von Bingen (um 1098–1179), Elisabeth von Schönau (1129–1164), Mechthild von Magdeburg (gest. 1283), Angela von Foligno (gest. 1308), Birgitta von Schweden (gest. 1373) oder auch Heinrich Seuse (gest. 1366) und Jan van Ruysbroek (gest. 1481).

So schildert Elisabeth von Schönau, Nonne im hessischen Kloster dieses Namens, wie sie einmal ein von drei Mauern umgebenes herrliches Gebäude sah, das *«vom Glanz eines ungeheuren Lichtes bestrahlt wurde.»* Davor lag ein mit stacheligem Gestrüpp bedecktes Gelände, das zu überwinden sich eine große Menge weißgekleideter Seelen mit großer Anstrengung abmühte, um ins Licht zu gelangen. In einer anderen Vision öffneten sich die Pforten des eigentlichen Himmels. Sie sah die jungfräulichen Heiligen, den Thron Gottes und das Lamm aus der Offenbarung des Johannes.

Ein Jahrhundert später schaut Mechthild von Magdeburg, Zisterzienserin in Helfta bei Eisleben, in einer ihrer Visionen zunächst das irdische Paradies. Es befand sich in einem unteren Teil des Himmels und war ein prachtvoller baumbestandener Garten mit sanft dahinfließenden Bächen und einer Luft voller Wohlgerüche. Auf einer höheren Etage konnte sie eine ähnlich gestaltete, aber viel sublimere Landschaft erkennen. Es war das himmlische Paradies, das jene Seelen aufnimmt, die zwar kein Fegefeuer erleiden müssen, jedoch der Anschauung Gottes noch nicht würdig sind. Erst darüber lag die Residenz Gottes, der eigentliche Himmel, zu dem nur die Heiligen unmittelbaren Zugang bekommen, die anderen Seelen erst nach ihrer Reinigung.

Auch die Predigtsammlungen und Erbauungsschriften erzählen nicht nur von einem herrlichen Garten mit kristallklaren Bächen, von blumenreichen Wiesen, auf denen Rehe, Hermeline und Hasen miteinander spielen, und von fruchttragenden Bäumen, in deren Geäst bunte Vögel süße Melodien singen. Sie beschreiben auch in immer neuen Variationen die prächtigen Bauten sowie die herrliche Gewandung und den kostbaren Schmuck aus Gold und Edelsteinen, der die Seligen dort erwartet. Denn Gold ist die wahre Farbe des himmlischen Paradieses, wie dies schon in den byzantinischen Kirchen zu sehen ist.

18. Jan van Eyck, *Der Genter Altar*, 1432

Die Verbindung von Motiven aus dem Garten Eden mit der Bildwelt des neuen Himmels in der Johannes-Apokalypse hatte großen Einfluß auf die Kunst. Ein hervorragendes Beispiel dafür ist die Darstellung der «Anbetung des Lammes», die Mitteltafel des Genter Altars von Jan van Eyck (um 1390–1441). Auf einer mit Blumen bedeckten Wiese sieht man den Brunnen des Lebens und den von Engeln umgebenen Altar des Lammes, auf den hin sich vier Prozessionen bewegen: Von links vorne kommen, angeführt von den biblischen Propheten, die guten Heiden, die an den einzigen Gott glaubten und das Naturgesetz beobachtet hatten, und von rechts vorne unter Führung der Apostel die christlichen Bekenner und die in leuchtendes Rot gekleideten Päpste und Bischöfe. Aus dem Hintergrund nahen links die blau gekleideten Märtyrer und rechts die Jungfrauen in reichen Gewändern, beide Gruppen Palmzweige tragend. Hinter den sie umrahmenden Hecken erheben sich die kunstvoll konstruierten Gebäude des himmlischen

Jerusalem. Im oberen Register des Altars befindet sich der himmlische Hofstaat mit Christus im Gewand eines Hohenpriesters in der Mitte, neben ihm die heilige Jungfrau und Johannes der Täufer.

Die Bauten auf diesem und anderen Gemälden sind von den gotischen Kathedralen inspiriert, durch die das himmlische Jerusalem auf die Erde heruntergeholt werden sollte. Ihre bunten Glasfenster ließen die Seitenwände fast verschwinden, so daß durch das Spiel von Farbe und Licht der Eindruck eines schwerelosen Raums entstand. Die weißgekleideten Kleriker und die Priester in ihren goldbesetzten Ornaten, die darin ihre von feierlichen Gesängen begleiteten Gottesdienste und Prozessionen abhielten, erinnerten die Gläubigen an die himmlische Liturgie, in der die Engel und Heiligen Gott preisen und anbeten.

Ein letzter Höhepunkt der Bemühungen, mit künstlerischen Mitteln eine Ahnung vom künftigen Paradies zu erwecken, waren die festlichen Kirchen des Barock und des Rokoko. Nicht zuletzt gilt dies für ihre Deckengemälde, auf denen das grau-schwarze Gewölk der irdischen Atmosphäre aufreißt, um einen Blick in den zartblau und rosa getönten Äther des Himmels zu erlauben, wo die Krönung Mariens, der Einzug der Seligen oder die Aussendung des Heiligen Geistes sichtbar wird.

Jenseitsreisen in Nah-Tod-Erfahrungen

Zu einer besonderen Kategorie von Paradiesvisionen gehören die zahlreichen Zeugnisse von Menschen, die anscheinend gestorben waren, aber wieder ins Leben zurückkehrten. Sie dürften allerdings von den gelehrten Theologen, welche die Aussagen niederschrieben, an manchen Stellen im Sinne der orthodoxen Jenseitsvorstellungen korrigiert und angereichert worden sein. Für die Prediger wurden sie jedenfalls zu einem beliebten Mittel, um ihre Zuhörer durch die Angst vor den Höllenstrafen und die Hoffnung auf die himmlischen Freuden zu Buße und Umkehr zu bewegen.

Man hat derartige Berichte in neuerer Zeit gerne als fromme Legenden ohne jeden Rückhalt in echten Erlebnissen belächelt. Sie dürften jedoch auf dem Phänomen der sogenannten Nah-Tod-Erfahrungen beruhen, das seit den Veröffentlichungen der Psychiater Raymond A. Moody und Elisabeth Kübler-Ross in den letzten Jahrzehnten des vergangenen Jahrhunderts wieder ernster genommen wird. Es geht dabei um Menschen, die durch Krankheit oder Unfall zeitweise in ein Koma fielen und danach erzählen konnten, was sie in dieser todesnahen Situation erlebt hatten. Manche fühlten sich in einen «dunklen Tunnel» hineingezogen, an dessen Ende sich ein gleißendes Licht manifestiert habe. Einige Zeugnisse berichten auch von Begegnungen mit Lichtwesen, die sie auf der Schwelle zwischen irdischer und jenseitiger Welt freundlich empfangen und sie anschließend – sehr zu ihrem Bedauern, da sie gerne dort bleiben wollten – wieder ins Leben zurückgeschickt hätten. In allen, die diese Erfahrung machten, sei ein unauslöschliches Glücksgefühl zurückgeblieben, das nicht selten zu einer neuen Einstellung im Verhalten zur Welt und zu den Mitmenschen führte.

Solche Erlebnisse wurden schon in der Antike mehrfach erwähnt. Am bekanntesten ist die Geschichte aus Platos *Politeia* von einem Krieger namens Er, der auf dem Schlachtfeld wie tot liegengeblieben war und nach seiner Rückkehr ins Leben das Schicksal der vom Leib getrennten Seelen in Bildern geschildert hatte, die den antiken Vorstellungen von der Unterwelt entsprachen. Der islamische Sufismus kennt ebenfalls solche Überlieferungen, und im tibetischen Buddhismus erzählt man von den sogenannten Deloks (*de lok* = vom Tode zurückgekehrt), daß sie für einige Zeit im «Bardo» weilten, in jenem Zwischenbereich zwischen Tod und Wiedergeburt, wie er im Tibetischen Totenbuch beschrieben ist. Ähnliche Berichte, diesmal mit einer von der biblischen Tradition geprägten Bilderwelt, finden sich schon früh in der christlichen Literatur, beispielsweise in der Biographie des hl. Martin von Tours, die Sulpicius Severus um 400 verfaßte, oder in den Schriften Gregors des Großen (Papst um 600). Zwar nehmen bei diesen visionären Besuchen in der jenseitigen Welt die Beschreibung der Hölle und der Qualen der Sünder den größten Raum ein. Denn für die Menschen jener Zeit stand beim Gedanken an den Jüngsten Tag die Furcht vor der drohenden Verdammnis im Vordergrund, wie dies in der im 13. Jahrhundert entstandenen Sequenz der Allerseelenmesse «*Dies irae*» drastisch zum Ausdruck kommt. Doch stets endet die Reise mit einem mehr oder weniger ausführlichen Ausblick auf den Aufenthaltsort derer, die für den Himmel bestimmt sind.

Unter den Bildern, die dabei in immer neuen Varianten wiederkehren, wird häufig auch ein über die Maßen hell glänzendes Licht erwähnt. So berichtet Gregor, von 573 bis 594 Bischof von Tours, von einem Mönch, der aus dem Jenseits zurückkehrte und erzählte, er habe dort «*eine Wolke, heller als jedes Licht*» gesehen: «*Man konnte darin weder die Sonne noch den Mond noch irgendein Gestirn unterscheiden, denn sie glänzte herrlicher als sie alle.»*

Einer der oft zitierten Berichte handelt von einem gewissen Alberich von Settefrati. Geboren um 1100, lag er als zehnjähriges Kind während einer Krankheit neun Tage und Nächte lang im Koma. Dabei hatte er eine Vision, die er später, als er in Monte Cassino Mönch wurde, auf Befehl seines Abtes einem der dortigen gelehrten Mönche diktierte. Er erzählte, wie er von einer weißen Taube in die Lüfte gehoben wurde, wo ihm der hl. Petrus und zwei Engel erschienen. Diese führten ihn zunächst auf einem langen Weg durch alle Abgründe der Hölle, bevor er dann an einen angenehmeren Ort gelangte. Es war eine liebliche, nach Lilien und Rosen duftende Wiese, auf der jene Seelen lagerten, die im «Refrigerium», d. h. an einem Ort der «Erquickung», auf ihre Auferstehung und den endgültigen Zugang zur Herrlichkeit Gottes warteten. In der Mitte der Wiese sah er dann das Paradies liegen, in das die gewöhnlichen Seelen erst nach dem Jüngsten Gericht hineinkommen, so daß sich dort gegenwärtig nur die Engel und jene Heiligen befinden, die sündenlos gestorben waren, unter ihnen der hl. Benedikt (der Gründer seines Klosters).

Von der ähnlichen Erfahrung eines irischen Ritters namens Tnugdal oder Tungdal berichtet eine Schrift aus der Mitte des 12. Jahrhunderts, die in der Folge weite Verbreitung fand und mehrfach illustriert wurde. Nach einer langen Reise unter Führung eines Engels durch ein Gebiet mit stinkenden Seen und schaurig zerklüfteten Bergen, wo die Verdammten von den Teufeln gepeinigt wurden, sei Tnugdal schließlich wieder ans Licht gelangt. Dort habe ihn sein himmlischer Begleiter durch ein Tor in der Mauer geführt, in eine lichtvolle Helle zu einer wunderschönen Wiese mit duftenden Blumen und dem Jungbrunnen in ihrer Mitte, der ewiges Leben verleiht.

Als letztes Beispiel sei das Erlebnis eines Mannes aus dem frühen Mittelalter angeführt, dessen Verlauf den von Moody und Kübler-Ross beschriebenen Erfahrungen besonders ähnlich ist. Der für seine Gelehrsamkeit noch in späteren Jahrhunderten berühmte Mönch Beda Venerabilis (ca. 672–735) erzählte in seiner Kirchengeschichte Englands ausführlich von einem Familienvater, der im Koma einen Besuch im Paradies machen durfte: *«Es ging ihm immer schlechter, bis es zu einer Krise kam und er eines Nachts starb. Bei Tagesanbruch jedoch kehrte er wieder ins Leben zurück und setzte sich plötzlich auf. Dies geschah zur großen Überraschung der um ihn Trauernden, die voll Angst die Flucht ergriffen. Nur seine Frau, die ihn von Herzen liebte, blieb zitternd vor Furcht bei ihm. Der Mann beruhigte sie und sagte: Hab keine Angst, denn ich bin wahrlich dem Griff des Todes entronnen und habe die Erlaubnis erhalten, wieder unter den Menschen zu weilen ...»* Dann berichtete er seiner Frau von seinen Erlebnissen im Jenseits: *«Ein edler Mann in schimmernder Robe war mein Führer ... Unterwegs kamen wir in ein sehr weites und tiefes Tal von unbestimmbarer Länge ... Bald führte er mich aus der Dunkelheit in eine Atmosphäre klaren Lichts, und während er mich vorwärts in das helle Licht führte, gewahrte ich eine riesige Mauer, die sich in unendlicher Breite und Höhe vor uns erstreckte. Da ich weder Tore noch Fenster noch andere Öffnungen bemerkte, begann ich mich zu fragen, warum wir wohl weiter auf diese Mauer zugingen. Als wir sie jedoch erreichten, befanden wir uns plötzlich, ohne daß ich sagen könnte, wie das zugegangen war, oben auf der Mauer. Dahinter lag eine wunderschöne, weite, lichte Wiese ... Das Licht, das diesen Ort erfüllte, erschien mir heller als die Strahlen der Mittagsonne ...»* Am Ende seines Berichts erzählt der Mann, ganz ähnlich den heutigen Zeugen, von seinem Widerstreben, die schöne jenseitige Welt wieder zu verlassen: *«Mein Führer sagte: Du mußt nun in deinen Körper zurückkehren und noch einmal unter den Menschen leben; aber wenn du auf dein Handeln besser acht gibst ..., dann wirst du nach deinem Tode dein Heim bei diesen glücklichen Geistern nehmen, die du jetzt siehst ... Als er mir das sagte, zögerte ich sehr, wieder in meinen Körper zurückzukehren, war ich doch bezaubert von der Schönheit des Ortes, den ich sah, und von der Gesellschaft, die ich dort gewahrte. Ich wagte jedoch nicht, meinem Führer zu widersprechen, und so fand ich mich, ich weiß nicht wie, plötzlich wieder lebend unter den Menschen.»* Beda schließt seinen Bericht mit der Bemerkung: *«Nicht lange danach gab er alle weltlichen Pflichten auf und trat in das Kloster von Melrose ein».*

Die Nah-Tod-Erfahrungen dürften zur Fortdauer der Erwartung eines paradiesischen Jenseits nicht wenig beigetragen haben. Sie sind natürlich noch kein Beweis für eine glückliche Fortexistenz nach dem Tode. Denn die Frage nach dem Realitätsgehalt dessen, was die betroffenen Menschen schauten, bleibt ebenso offen wie die Frage, ob sie überhaupt mit einer jenseitigen Welt in Kontakt traten, da sie eben doch nicht wirklich tot waren.

Die kirchenamtliche Abschaffung des paradiesischen Transit-Raums

Die vorausgehenden Visionsberichte zeigten immer wieder blühende Wiesen mit wohlriechenden Blumen, bevölkert von Seelenscharen in strahlendem Weiß, die zwischen edelsteingeschmückten Mauern in verschiedenen Zonen von sich steigernder Herrlichkeit auf die Auferstehung ihrer Leiber am Jüngsten Tag warten. Noch heute ist diese Vorstellung, so scheint es, im christlichen Begräbnisritual gegenwärtig geblieben. Nicht nur in der Ostkirche betet man um den Eingang der Verstorbenen in die «Zelte des Lichtes», in den «Ort der Ruhe» (Chrysostomos-Liturgie) oder um die Zulassung in den «Schoß Abrahams», zum «grünenden Ort mit frischen Wassern», auch zum «Paradies der Wonne» (Basilios-Liturgie). Auch in der katholischen Totenmesse lautet das Gebet, das der Priester für die Seele des oder der Verstorbenen an Gott richtet: «Laß die heiligen Engel ihr entgegeneilen und sie zur Heimat des Paradieses geleiten» (*jubeas eam a sanctis angelis suscipi et ad patriam paradisi perduci*). Desgleichen heißt es in den Fürbitten am Grabe: «Die Engel mögen dich ins Paradies tragen» (*In paradisum deducant te angeli*), oder: «Die Seelen der Verstorbenen mögen ruhen in Frieden» (*requiescant in pace = R. I. P.*), weshalb wir die Begräbnisstätten auch «Friedhof» nennen. In anderen Gebeten ist die Rede von einem «Ort der Erquickung, des Lichtes und des Friedens» (*locus refrigerii, lucis et pacis*), wobei der Ausdruck *refrigerium*, von lat. *(re)frigerare* = kühlen, zwar an die Linderung der Qualen des Fegefeuers denken läßt, jedoch in Wirklichkeit nur die Erfrischung meint, welche die Kühle in den heißen südlichen Ländern mit angenehmen Assoziationen verbindet. Und die Rede vom «ewigen Licht», das den Verstorbenen «leuchten soll» (*Lux aeterna luceat eis*), dürfte ebenfalls auf jenen Zwischenort verweisen, der nach den Berichten der Visionäre von strahlendem Glanz erfüllt ist.

Diese uralten Formeln im Begräbnisritual verdecken allerdings die Tatsache, daß sich die Topographie des Jenseits seit dem 12./13. Jahrhundert radikal verändert hat. Denn unter dem Einfluß der großen Theologen der Scholastik wurde die bis dahin vorherrschende und in der Ostkirche noch heute vertretene Lehre von einem noch gottfernen, wenn auch angenehmen Zwischenort für die Seelen der fromm Verstorbenen nach heftigen Kontroversen von der westlichen Kirche verworfen. Zwar vertrat ein Papst, Johannes XXII., noch im Jahre 1331 die alte Auffassung. Doch schon sein Nachfolger Papst Benedikt XII. definierte 1336 in der Konstitution «*Benedictus Deus*» als Glaubenssatz, daß die Seelen der ohne Sünde verstorbenen Christen sogleich nach dem individuellen Gericht, also noch vor der Auferstehung bei der Wiederkunft Christi, in den Himmel kommen. Dort würden sie bereits in Gemeinschaft mit den Engeln und allen Heiligen der *visio beatifica*, der beseligenden Schau Gottes, teilhaftig werden. Diese Lehre wurde ein Jahrhundert später auch vom Konzil von Florenz im Jahre 1439 übernommen.

Nicht ohne Einfluß auf diese Entwicklung war die parallel dazu verlaufende Konkretisierung der Lehre vom Fegefeuer. Nach ihr kann der Sünder zwar im Bußsakrament die göttliche Verzeihung erlangen, seine Seele muß jedoch nach dem Tod einen schmerzlichen Reinigungsprozeß durchlaufen, bevor sie in den Himmel zugelassen wird. Zwar hatten schon die frühen christlichen Autoren von der Notwendigkeit einer heilenden Reinigung und Reifung der Seelen nach dem Tod gesprochen, ohne dabei jedoch genauere Vorstellungen über das Wo und Wie zu entwickeln. Jetzt fing man an, diesen Vorgang genauer zu lokalisieren. Er wurde als Fegefeuer (lat.: *purgatorium*) an einen besonderen Ort gebunden, den einige Theologen in der Unterwelt neben oder über der Hölle, andere in einem hoch über der Erde gelegenen Bereich vermuteten.

Somit gab es nur noch drei Jenseitsorte: Zum einen die Hölle für die in Todsünde Gestorbenen, zum anderen den Himmel, in den die Seelen derer, die ohne Sünde gelebt hatten, sozusagen im Direktflug gelangen, um dort sogleich die vollkommene Schau Gottes zu genießen, sowie schließlich das Fegefeuer für die Seelen derer, die zwar versöhnt mit Gott gestorben sind, aber noch der Reinigung bedürfen. Sie müssen dort für einige Zeit bleiben, um zu leiden, dürfen aber bereits hoffen, ebenfalls in den Himmel zu gelangen. Die Seelen aller warten allerdings noch auf die Wiedervereinigung mit ihren Leibern bei der allgemeinen Auferstehung zum Gericht am Ende der Tage, nach dem es nur noch die Hölle und den Himmel geben wird.

Der Garten Eden und das himmlische Paradies bei Dante

Dante Alighieri (1265–1321), der wie kaum ein anderer Autor prägend auf das abendländische Jenseitsbild der nachfolgenden Jahrhunderte eingewirkt hat, stand bereits auf dem Boden der von der scholastischen Theologie propagierten Lehre. Wie die Dreiteilung in seiner *Divina Comedia* zeigt, gab es für ihn nur die Hölle (*L'Inferno*), das Fegefeuer (*Il Purgatorio*) und den Himmel, den er etwas mißverständlich *Il Paradiso* nannte. Er erwähnte zwar auch das ursprüngliche Paradies, den Garten Eden, der für ihn auf dem Gipfel jenes Berges liegt, der das Fegefeuer, das *Purgatorio*, bildet, sah es jedoch nicht von auf die Erfüllung wartenden Seelen bewohnt. Beim Aufbau seiner dreiteiligen «Jenseitslandschaft» stützte sich Dante bereits auf die in seiner Zeit neu entwickelten Auffassungen der scholastischen Philosophie und Theologie, auch wenn er sich in der konkreten Ausgestaltung mancherlei dichterische Freiheiten erlaubte.

Die kosmologischen Anschauungen der Scholastik waren geprägt vom System des antiken Geographen Ptolemäus, das seit dem 2. vorchristlichen Jahrhundert, zumindest bei den Gebildeten, die alte Vorstellung von der Erde als einer Scheibe mit dem Himmel darüber und der Unterwelt darunter abgelöst hatte. So ruht auch für Dante die kugelförmige Erde unbewegt im Mittelpunkt des Universums. Sie ist oberhalb ihrer Atmosphäre und einer diese umschließenden Feuerzone von Hohlkugeln eingehüllt, den neun Himmeln, welche die Erde in einer sich nach oben steigernden Geschwindigkeit umkreisen. Es sind die Sphären der sieben Planeten, wozu auch Sonne und Monde gerechnet werden, sowie der Fixsternhimmel und der Kristallhimmel. Erst über letzterem wölbt sich in ewiger Ruhe das Empyreum, als Sitz Gottes der eigentliche Himmel, den Dante im dritten Teil seiner Dichtung, dem *Paradiso* behandelt.

Was die Erde angeht, so ist die Oberfläche der nördlichen Halbkugel bewohnt, die der südlichen vom Weltmeer bedeckt, das für lebende Menschen unzugänglich ist. Mittel- und Scheitelpunkt der bewohnten Erdoberfläche ist der «Sionsberg» von Jerusalem, die Grenze im Osten wird vom Ganges, die im Westen von den «Säulen des Herkules» bei Gades (Cadiz) gebildet. Darunter liegt die Hölle. Sie hat die Form eines trichterförmigen Kraters, der sich in einer Abfolge von ringförmigen Terrassen (den Höllenkreisen) nach unten immer mehr verengt, bis er den Erdmittelpunkt erreicht. Auf der südlichen Halbkugel erhebt sich auf einer Insel im Weltmeer der Läuterungsberg des Fegefeuers. Anders als der nach unten bis zur Erdmitte führende Höllentrichter steigt er in Form eines Kegels, gebildet von einer Abfolge stufenförmiger, sich verjüngender und ebenfalls ringförmiger Terrassen, nach oben, bis er

19. Gustave Doré, *Dante kommt im Paradies an*, 1868

an den oberen Rand der irdischen Atmosphäre heranreicht. Auf seinem Gipfel erstreckt sich weithin der Garten Eden, das irdische Paradies, in dem einst Adam und Eva geweilt hatten.

Als Dante nach seiner Wanderung durch die Hölle und durch das Fegefeuer dort anlangt, trifft er – es ist im 28. Gesang gegen Ende des zweiten Teils seiner Dichtung – auf den Garten Eden, der als Ort der Unschuld sinnvoll zwischen dem Abschluß des Reinigungsweges und dem Eingang zum Himmel situiert ist. Es ist ein heiliger Hain, in dessen von einem linden Wind bewegten Laub die Vögel singen und den kein Unwetter mehr erreichen kann. Die Pflanzen wachsen ohne Aussaat, und die Gewässer fließen, im Gegensatz zu denen auf der Erde, stetig dahin, ohne jene jahreszeitlichen Schwankungen, wie sie auf Erden durch das wechselnde Ausmaß der Regenfälle verursacht werden. Denn sie kommen aus einer unerschöpflichen Quelle, gespeist vom Willen Gottes. Sie teilen sich in zwei Flüsse, deren Wasser die Seelen der Verstorbenen von den letzten Schlacken des Irdischen läutern: Lethe nimmt ihnen die Erinnerung an ihre Sünden, während Eunoë ihnen alle guten Taten ins Gedächtnis ruft, so daß für sie der Aufstieg in den eigentlichen Himmel möglich wird. Der Wanderer findet dort keine Seelen vor. Vielmehr schaut er in den restlichen fünf Gesängen des *Purgatorio* in symbolhaften, an die Offenbarung des Johannes erinnernden Bildern den Zug der christlichen Kirche durch die Geschichte, bis er im Fluß Eunoë baden darf, um für das nun Folgende bereit zu sein.

In seiner Darstellung des Himmels im dritten Teil seines Werkes, den er *Il paradiso* nennt, beschreibt Dante zunächst den Aufwärtsflug durch die neun Gestirnsphären jenseits der Feuerzone. Er sieht, wie die Seelen der Seligen je nach dem Grad ihrer Verdienste, der die Fähigkeit zur Gottesschau bemißt, auf die verschiedenen, näher oder ferner von der Gottheit sich drehenden Sphären verteilt sind. In der äußersten dieser Sphären, dem Kristallhimmel, sieht er die neun Chöre der Engel, bevor ihm endlich der Zugang zum Empyreum selbst gewährt wird, wo er die Seligen in ihrer menschlichen Gestalt sehen darf, die sie leiblich erst am Jüngsten Tag annehmen werden. Sie sind in Gestalt einer riesigen Rose um einen Lichtsee gruppiert, dem Widerschein eines von Gott ausgehenden Lichtstrahls, der sich auf der Oberfläche des unter dem Empyreum liegenden Kristallhimmels spiegelt. Über der Rose thront die Gottesmutter Maria mit den vorzüglichsten Heiligen des Alten und Neuen Testaments sowie der Kirche, während einige leere Plätze für die noch nicht geborenen Heiligen freigehalten sind. Im allerletzten Gesang des *Paradiso* berichtet Dante schließlich von einem kurzen Blick auf die göttliche Dreifaltigkeit, dessen er für würdig befunden wurde. Er sieht sie in Gestalt dreier verschiedenfarbiger Kreise, wobei im zweiten das Licht des ersten, im dritten das des zweiten regenbogengleich widerstrahlt.

Seit der Reformation: Ein paradiesischer Himmel

Zur Lehre vom Fegefeuer gehörte auch die Vorstellung, der jenseitige Reinigungsprozeß könne durch Werke der Buße, die man schon in diesem Leben erbrachte, gemildert und abgekürzt werden. Daraus entwickelte man das Argument, die Kirche könne den Gläubigen, die bestimmte Leistungen (Gebete, Wallfahrten oder Geldbeiträge zum Bau von Kirchen) erbrachten, aus dem «Schatz» der überschüssigen Verdienste Christi und der Heiligen sogenannte Ablässe gewähren, die ihnen selbst oder den Verstorbenen im Fegefeuer zugute kämen. Nicht zuletzt wegen der damit einhergehenden Mißstände (Ablaßhandel) wurde die Fegefeuerlehre von den Reformatoren abgelehnt, unter Berufung auf die Rechtfertigung des Menschen allein aus dem Glauben.

Für die Reformatoren stellte sich nun natürlich die Frage, was mit den Seelen der Verstorbenen zwischen dem Tod des Individuums und dem allgemeinen Gericht bei der Auferstehung der Toten geschehen würde. Die Lutheraner neigten meist zu der Auffassung, daß die Seelen in einen tiefen Schlaf versinken, frei von Qualen, aber auch ohne Bewußtsein, wie Bachs berühmter Choral in der Johannespassion bezeugt: *«Ach, Herr, laß dein lieb' Engelein / am letzten End' die Seele mein / in Abrahams Schoß tragen! / Den Leib in sein'm Schlafkämmerlein / gar sanft ohn' ein'ge Qual und Pein / ruhn bis zum Jüngsten Tage!»* Calvin hingegen meinte, die Seele schlafe nicht, sondern ruhe in einem vollkommenen Frieden mit voller Gewißheit des Heiles. Andere Theologen vertraten die Auffassung, daß der Mensch zwischen Tod und Auferstehung nicht existiere. Der heutige Protestantismus äußert sich darüber mit kluger Zurückhaltung. Der Evangelische Erwachsenenkatechismus (Ausgabe 1989, S. 1323) verweist darauf, daß die biblischen Autoren über das Geschehen nach dem Tod nur in Bildern sprechen konnten: *«Sie taten es in sehr unterschiedlichen Bildern, die teilweise in Spannung zueinander stehen. Konnte Paulus in Phil 1,23 daran denken, daß er sofort nach seinem Tode bei Christus sein werde, spricht er andererseits von der Auferstehung der Toten erst am Jüngsten Tag (1 Kor 15,20 f.; 1 Thess 15,5). Ein denkerischer Ausgleich zwischen diesen Aussagen wird im Neuen Testament nicht gegeben, denn Jesu Handeln in der Auferstehung sprengt unsere Zeitvorstellungen»*.

Was nun den Himmel angeht, der den Seligen nach der Auferstehung bevorsteht, stellte Melanchthon anläßlich des Augsburger Bekenntnisses 1530 fest, daß die Lehre über *«das ewige Leben und die ewigen Freuden»* keinen Anlaß zu Kontroversen biete. Tatsächlich gab es bei den Protestanten und den Katholiken der Gegenreformation kaum unterschiedliche Auffassungen.

Der grüne Wartesaal am Rande des Himmlischen Jerusalems war zwar für beide Konfessionen verschwunden. Doch wurde die mit ihm verbundene Bilderwelt in die Vorstellungen vom Himmel integriert. Auch wenn sowohl die katholischen als auch die protestantischen Autoren betonten, das Glück der Auferstandenen liege in der Anschauung Gottes, so waren sie sich doch darüber einig, daß die Freude der Seligen beim Anblick einer erneuerten Welt noch gesteigert werde. Denn dort werde es, wie einst im Garten Eden, auch Pflanzen und Tiere und alle Elemente geben, nun allerdings in herrlichster, verklärter Vollkommenheit. Man zitierte dabei gerne den Apostel Paulus, nach dem sogar die außermenschliche Kreatur in einer Art von Auferstehung am ewigem Leben teilhaben wird: *«Denn die ganze Schöpfung wartet sehnsüchtig auf das Offenbarwerden der Söhne Gottes ... Auch die Schöpfung soll von Sklaverei und Verlorenheit befreit werden zur Freiheit und Herrlichkeit der Kinder Gottes. Denn wir wissen, daß die gesamte Schöpfung bis zum heutigen Tag seufzt und in Geburtswehen liegt»* (Röm 8,19–22).

So spricht man heute innerhalb des Christentums, ohne dabei einen Unterschied zu machen, vom Eingehen der Verstorbenen «ins Paradies» oder «in den Himmel». Denn damit ist, wie einst schon Augustin vermutet hatte, die gleiche Wirklichkeit gemeint.

Gericht und Paradies im Islam

Der Koran hat über Adams Aufenthalt im Paradies und die Verführung des ersten Menschenpaares durch Satan (arab.: *schaitan*) weitgehend jüdische und christliche Überlieferungen übernommen, allerdings ohne von einer Erbsünde zu sprechen. Die Menschen haben jenes Paradies zwar verloren, aber die Verheißung künftigen Heils erhalten, nämlich «einer rechten Leitung». Diese wurde ihnen als «Islam», d.h. Ergebenheit in Gottes Willen, seit Beginn der Geschichte von den verschiedenen Propheten angeboten, unter anderen von Abraham, Moses und Jesus, zuletzt von Mohammed als dem Endpunkt der Offenbarungen. Ein zentrales Thema ist für Mohammed das künftige Gericht, auf das er immer wieder zurückkommt. Er spricht im Koran – wie die Evangelien und die Offenbarung des Johannes – von einer großen kosmischen Katastrophe am Ende der Zeiten: Herabfallen der Gestirne, Erdbeben und Überschwemmung des Landes durch das Meer. Die Menschen geraten dabei so sehr in Panik, daß sie sogar – für Araber unerhört – *«die hochschwangeren Kamelstuten im Stiche lassen und sich nur um die eigene Rettung sorgen»*. Trompetenstöße künden den Beginn des Gerichtes an und die Gebeine der bereits Verstorbenen fügen sich zusammen, ihre Auferstehung wird wie im Christentum als eine «neue Schöpfung» verstanden (Sure 17,49–52). Beim Gericht wird ein Buch präsentiert, in dem zwei Engel alle Taten der Menschen verzeichnet haben. *«Und wer auch nur Gutes im Gewicht eines Stäubchens getan, wird es sehen. Und wer Böses im Gewicht eines Stäubchens getan, wird es sehen»* (Sure 99,7–8). Je nach dem Ergebnis gehen die Gerechten ein in die Gärten des Paradieses, die Frevler stürzen in die Hölle, die Gehenna. Beide Orte sind über der Erde im Himmel gelegen.

Ein Garten der Freuden

Das Glück der Seligen wird im Koran an über hundert Stellen erwähnt. Ob das Paradies mit dem Garten, in dem Adam ursprünglich weilte, identisch ist, ist unter den islamischen Theologen umstritten. Jedenfalls meint *ganna* (Hain oder Garten), die übliche Bezeichnung für *firdaus*, das Paradies, einen kühlen und schattigen Ort, dessen Eingänge durch

Tore gesichert sind (Sure 3,133) und den vier Bäche durchströmen. Der eine führt reines Wasser, der andere niemals verderbende Milch, ein dritter bringt Wein, der nicht trunken macht, und ein vierter köstlich duftenden Honig (Sure 47,15; 83,25–28). Die ins Paradies Eintretenden werden mit Armreifen aus Gold und Perlen und mit Gewändern aus Seide und Brokat ausgestattet, um dann auf schwellenden Polstern an Quellen und Bächen und unter schattenspendenden Bäumen voll köstlicher Früchte zu tafeln, während ihnen großäugige, schöne und ewig jungfräuliche Mädchen, die «Huris», zu Diensten sind. – Welche besonderen Vergnügungen der weiblichen Hälfte der Menschheit zugedacht sind, wird im Koran allerdings nirgends erwähnt.

Die islamische Überlieferung weiß noch mehr Details zu berichten. So habe das Paradies acht Tore, die den Zugang zu seinen acht verschiedenen Stockwerken öffnen. Die Torschlüssel sind jeweils mit drei Zähnen ausgestattet: Einer bedeutet das Bekenntnis der Einzigkeit Gottes, ein zweiter den Gehorsam gegen Gott und der dritte die Enthaltung von jedem Unrecht. Im Paradies, so heißt es weiter, herrsche ein ewiger Frühling von strahlender Klarheit und man höre eine wunderbare Musik, die von Engeln und Vögeln, aber auch von den Hügeln und Bäumen ausgeht. Die schönste Melodie komme aber von der Stimme Allahs, wenn er die Erwählten empfängt.

Dieses Paradies, offensichtlich ein Abbild der wasserreichen Oasen in der kargen Wüste, entspricht dem Ideal der Ruhe und Muße in der orientalischen Männerwelt. Daß die Erwählten nicht, wie im Christentum, irgendwann zu Gott in den eigentlichen Himmel kommen, wird manchmal der extremen Betonung der Absolutheit und Unzugänglichkeit Allahs zugeschrieben. Zumindest von den islamischen Mystikern wird die scheinbar allzu naiv-sinnliche Paradiesdarstellung im Koran jedoch gerne dahingehend korrigiert, daß die eigentliche Freude der Frommen aus der Schau Gottes erwächst. Sie berufen sich dafür z. B. auf die Sure 75,22–23, wo von «Gesichtern, die zu ihrem Herrn blikken» die Rede ist oder auf die Sure 10,9–10, die von einer Lobpreisung Gottes *«in den Gärten der Wonne»* spricht: *«Ihr Gebet wird in ihnen sein: Preis dir, o Allah!, und ihr Gruß in ihnen: Frieden! Und das Ende ihres Gebetes: Das Lob sei Allah, dem Weltenherrn!»*. Auch heiße es im Koran: *«Keine Seele weiß, welcher Augentrost für sie verborgen ist als Belohnung für ihr Tun»* (Sure 32,17), weshalb die spätere Überlieferung behauptet, Allah habe Belohnungen vorbereitet, die «kein Auge gesehen und kein Ohr gehört hat». Nach einer Überlieferung dürfen ihm die Insassen des Paradieses jeden Freitag einen Besuch abstatten. Die Männer unter der Führung Mohammeds und die Frauen, angeführt von dessen Tochter Fatima, würden dabei die Himmel durchqueren, bis sich der Schleier von Licht hebt und Gott seinen Gästen «wie das Aufgehen des Vollmondes» erscheint.

Die mystische Sekte der Sufis ist zwar überzeugt, daß die Schau Gottes die höchste Freude vermittelt. Sie hält aber auch die im Koran beschriebenen Freuden des Paradieses für real, selbst wenn sie auf einer anderen, von der irdischen verschiedenen Existenzebene liegen. Der große islamische Theologe al-Ghazali (1058–1111) umging die Schwierigkeit, indem er lehrte, daß die Belohnungen der Menschen im Paradies je nach deren Veranlagung von sinnlicher, bildhafter oder spiritueller Natur wären.

Während sich der Koran über Paradies und Hölle mit großer Ausführlichkeit äußerte, waren über das, was zwischen dem Tod der einzelnen Individuen und dem Endgericht passiert, spätere Präzisierungen nötig. Man ging dabei von einem Koranvers aus, der zwischen einer «näheren Strafe» und einer «größeren Strafe» unterscheidet (Sure 32,21), sowie von einem Hinweis auf die Examinierung der Verstorbenen durch zwei Engel sogleich nach ihrem Tod (Sure 50,17–19). So hat man schon bald unterstellt, daß die Seelen der Toten bereits im Grab einen Vorgeschmack von Paradies oder Hölle erfahren, da sie dort entweder in Freude oder voll Schrecken den Tag des Gerichtes erwarten.

Anders als die gewöhnlichen Gläubigen, die in ihrem Grab auf das Gericht am Ende der Zeiten warten müssen, gelangen jedoch nach allgemeiner islamischer Überzeugung die in einem Heiligen Krieg gefallenen «Märtyrer» sogleich nach ihrem Tod ins Paradies. Man beruft sich dafür auf einige Koranstellen, in denen gesagt wird: «*Wähnet nicht die in Allahs Weg Gefallenen für tot; nein, lebend bei ihrem Herrn, werden sie versorgt*» (Sure 3,169), «*Sprechet nicht von denen, die erschlagen wurden in Allahs Pfad: Sie sind tot. Nein, (sprechet:) Sie sind lebendig*» (Sure 2,154), «*Allen hat Allah das Gute versprochen; aber den Eifernden hat er vor den (daheim) Sitzenden hohen Lohn versprochen*» (Sure 4,95), sowie: «*Und diejenigen, die in Allahs Weg getötet werden, nimmer leitet er ihre Werke irre* [d.h. er läßt ihre Werke nicht verloren gehen]. *Er wird sie leiten und ihr Herz in Frieden bringen. Und einführen wird er sie ins Paradies, das er ihnen zu wissen getan*» (Sure 47,4–6).

20. ***Mohammeds Himmelsreise auf seinem geflügelten Reittier, halb Mensch, halb Pferd,*** **Türkische Miniatur**

Mohammeds Himmelsreise

Ausgehend von einem knappen Koranvers: «*Preis dem, der Seinen Diener des Nachts entführte von der heiligen Moschee zur fernsten Moschee*» (Sure 17,1), wird, in der Nachfolge der alttestamentlichen Gestalten Henoch und Elija, auch dem Propheten Mohammed von der islamischen Überlieferung eine Himmelsreise zugeschrieben: Danach soll ihn der Engel Jibril (Gabriel) noch zu seinen Lebzeiten auf einem überirdischen Reittier erst von Mekka nach Jerusalem und dann durch die sieben Himmel geführt haben, bis der Prophet schließlich Gott selbst schauen durfte. Das Paradies habe er, so die Überlieferung, im siebenten, dem höchsten Himmel gesehen, über dem sich nur noch der Thron Allahs befand.

Deshalb gilt Jerusalem, arabisch El Kuds, den Muslimen als Heilige Stadt. Wie in der jüdischen wird der dortige Tempelberg auch in der islamischen Überlieferung mit dem Berg Morija identifiziert, auf dem Abraham seinen Sohn opfern sollte. Hier soll einst das Paradies gewesen sein, in das die Engel jeden Abend herabstiegen, um Gottes Lob zu singen. Man erzählt auch, der Fels im ehemaligen jüdischen Tempel habe sich bei der Himmelsreise Mohammeds gespalten, da er dem Propheten in den Himmel nachfolgen wollte, er sei aber von Gabriel zurückgehalten worden. Über dieser Stelle baute der Kalif Abd el-Malik zwischen 689 und 691 eine prächtige Moschee, Felsendom genannt.

Die Gartenkultur des Islam

Man kann diesen Abschnitt nicht schließen, ohne auf die Gärten in den islamischen Ländern hinzuweisen, die mit ihren Wasserbecken und Kanälen, ihren Springbrunnen und Marmorpavillons einen Vorgeschmack der im Jenseits zu erwartenden Freuden boten. Einige dieser herrlichen Parkanlagen sind soweit erhalten geblieben, daß sich ihre einstige Pracht wenigstens ahnen läßt: Etwa beim Palacio del Generalife in Granada oberhalb der Alhambra und – am anderen Ende der islamischen Welt – in den wundervollen Mogul-Gärten von Lahore, Agra, Srinagar oder im «Roten Fort» zu Delhi. Dort ließ der im 17. Jahrhundert regierende Großmogul Schahdschahan, Erbauer des Taj Mahal, an der dem Garten zugewandten Front der Audienzhalle die Inschrift anbringen: *«Gibt es ein Paradies auf Erden, so ist es hier, ist es hier, ist es hier!»*

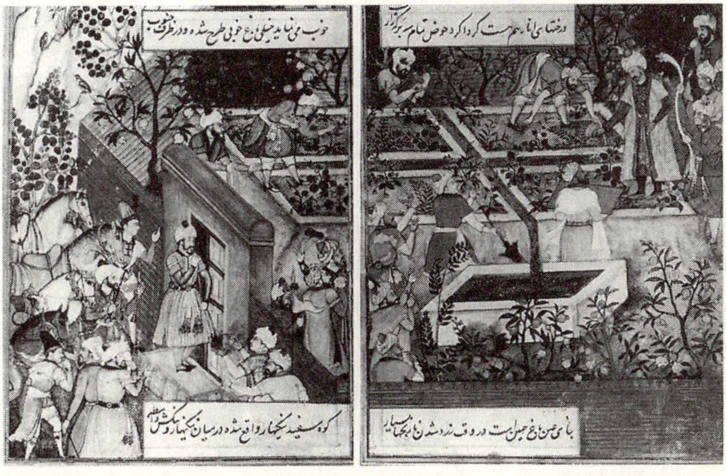

21. *Der Mogul-Herrscher Bâbûr bei der Anlage eines ‹Paradiesgartens›*, Miniatur um 1600

Nachtrag: Die Erwartung paradiesischer Zeiten auf Erden

Der vorausgehende Überblick über die Hoffnungen auf ein Paradies oder einen paradiesartigen Himmel im Jenseits wäre unvollständig ohne einen Hinweis auf die Erwartung eines Heilsbringers, der schon in dieser Welt eine Epoche des Friedens und des Wohlstands herbeiführen wird. Diese Vorstellung, die sich in vielen Kulturen findet, wurde in gesellschaftlichen und wirtschaftlichen Krisenzeiten zu einem Trost der Unterdrückten und Ausgebeuteten, nicht selten sogar zu einer Rechtfertigung für Gewaltanwendung, um das Hereinbrechen der Heilszeit zu beschleunigen.

Zum Beispiel spielte bei einigen Bauernaufständen in China die Gestalt des künftigen Buddhas Maitreya eine wichtige Rolle. Viele unter den fernöstlichen Buddhisten glauben nämlich, Maitreya (sanskrit: «Der Liebevolle») werde dereinst, wenn der Eifer für die Lehre des historischen Buddha Shakyamuni erkaltet ist, als dessen Nachfolger auf Erden erscheinen und ein Zeitalter sozialer Gerechtigkeit einleiten. Desgleichen weiß der tibetische Buddhismus Wunderdinge vom Land Shambhala zu berichten, einem mythischen Königreich irgendwo im Norden, in dem die reine Lehre Buddhas von einer Abfolge von 32 Königen beschützt wird. Wenn der Niedergang aller Werte seinen tiefsten Punkt erreicht hat, so heißt es, wird der letzte dieser Könige mit einer großen Armee erscheinen, um die Bösen zu vernichten und ein Goldenes Zeitalter zu begründen.

Der Islam kennt ebenfalls endzeitliche Rettergestalten, die sich in politischen und sozialen Krisenzeiten in einem charismatischen Anführer großer Menschenmassen verkörpern können. Bei den Schiiten ist es der verborgene Imam, ein von Gott Erleuchteter, der am Ende der Zeit kommen bzw. wiederkommen wird, um das Reich Gottes zu errichten. Oder man hofft auf den Mahdi (arab.: der «Geleitete»), der unter Gottes Leitung die Zerrissenheit des Islam beseitigt und eine in sich einige Gemeinde aller Gläubigen wiederherstellen wird, in der die Botschaft des Koran unverfälscht verkündet wird.

Der jüdische Messianismus

Auch innerhalb der jüdisch-christlichen Tradition gab und gibt es noch heute ähnliche Erwartungen. Eine jüdische Schrift aus dem Jahrhundert nach der Zeitenwende wußte von einer vom Messias heraufgeführten vierhundertjährigen Epoche, in der die Söhne Israels, welche die vorausgehenden Schrecken der Verfolgungen überlebt haben, sich bereits paradiesischer Zustände erfreuen dürfen. Erst danach setze die eigentliche Verwandlung ein, als eine Neuschöpfung, die im Gegensatz zur messianischen Epoche bereits im transzendenten Bereich Gottes liegt (4 Esdr 7).

Dieses Friedensreich wurde an anderer Stelle, in der zu Anfang des zweiten nachchristlichen Jahrhunderts entstandenen Baruch-Apokalypse, anschaulich geschildert: «*Nachdem er* [der Messias] *alles in der Welt gedemütigt und sich in Frieden immerdar auf seinen königlichen Thron gesetzt, da offenbart sich Wonne, und Ruhe kommt. Dann steigt herab im Taue die Gesundheit, und Krankheit weicht. Und bei den Menschen schwinden Sorge, Seufzer, Trübsal, und Freude wandelt auf der ganzen Erde. Und niemand stirbt vor seiner Zeit, und nie kommt plötzlich etwas Widriges ... Die wilden Tiere sollen aus dem Walde kommen und Menschen Dienste leisten; Nattern und Drachen kriechen aus den Löchern und lassen sich von kleinen Kindern führen. Die Weiber haben keine Schmerzen beim Gebären und quälen sich nicht mehr, wenn sie zur Welt die Frucht des Mutterschoßes bringen. In jenen Tagen mühen sich die Schnitter nicht mehr ab, wer baut, wird sich nicht schinden. Von selber kommt die Arbeit zum Erfolg ... Denn jene Zeit wird sein das Ende dessen, was vergänglich, und Anfang dessen, was da unvergänglich ...*» (syrBar 73 und 74). Das Zitat macht deutlich, daß die paradiesische Friedenszeit als eine noch diesseitige Epoche gedacht war, da es in ihr noch den Tod gibt, wenn auch keinen vorzeitigen durch Krankheit oder Gewalt.

Dem entstehenden Christentum waren, was vielleicht wenig bekannt ist, derartige Vorstellungen keineswegs fremd. Sie stützten sich auf eine für uns heute eher seltsam anmutende Passage in der Offenbarung des Johannes.

Die Ankündigung der tausendjährigen Herrschaft Christi

Während in den Evangelien nur von den Bedrängnissen der Endzeit die Rede ist, die dem Jüngsten Gericht vorausgehen (Mt 24; Mk 13;

22. Albrecht Dürer, *Der Engel mit dem Schlüssel zum Abgrund*, Holzschnitt zur Offenbarung des Johannes, 1498

Lk 21; ähnlich 2 Petr 3,7–13), weiß die Offenbarung des Johannes von einem Endkampf zwischen Christus und Satan in zwei Phasen. Auf eine erste Schlacht, in der Satan (verkörpert im «Tier») von Christus (dem Reiter) besiegt und lebend in den See von brennendem Schwefel geworfen wird (Offb 19,19–21 und 20,1–6), folgt ein Intermezzo von tausend Jahren, das der Seher folgendermaßen beschreibt: *«Dann sah ich einen Engel vom Himmel herabsteigen; auf seiner Hand trug er den Schlüssel zum Abgrund und eine schwere Kette. Er überwältigte den Drachen, die alte Schlange – das ist der Teufel oder der Satan –, und er fesselte ihn für tausend Jahre. Er warf ihn in den Abgrund, verschloß diesen und drückte ein Siegel darauf, damit der Drache die Völker nicht mehr verführen konnte, bis die tausend Jahre vollendet sind. Danach muß er für kurze Zeit freigelassen werden... Ich sah die Seelen aller, die enthauptet worden waren, weil sie an dem Zeugnis Jesu und am Wort Gottes festgehalten hatten... Sie gelangten zum Leben und zur Herrschaft mit Christus für tausend Jahre. Die übrigen kamen nicht zum Leben, bis die tausend Jahre vollendet waren. Das ist die erste Auferstehung. Selig und heilig, wer an der ersten Auferstehung teilhat. Über solche hat der Tod keine Gewalt. Sie werden Priester Gottes und Christi sein und tausend Jahre mit ihm herrschen»* (Offb 20,1–6). Erst nach diesen tausend Jahren wird Satan wieder losgelassen und er sammelt die Völker Gog und Magog von den vier Enden der Erde, um die Stadt der Erwählten zu belagern, wird aber besiegt und nun für ewig in den Feuer- und Schwefelsee geworfen. Jetzt erfolgt die zweite Auferstehung, die alle Lebenden und Toten vor dem göttlichen Thron versammelt, wo jeder nach seinen Werken gerichtet wird (Offb 20,7–15). Danach steigt das neue Jerusalem vom Himmel herab, und das ewige Leben beginnt (Offb 21 und 22,1–5). Die Offenbarung des Johannes kennt also eine lange, vor dem endgültigen Ende der Geschichte liegende Periode, in der Christus mit jenen Gläubigen auf Erden herrschen wird, die sich in der vorausgehenden Verfolgung durch die Anhänger des «Tieres» bewährt haben. Sie griff damit offensichtlich Vorstellungen von einer zweiphasigen Endzeit auf, wie sie in der Zeit ihrer Entstehung im zeitgenössischen Judentum verbreitet waren.

Die frühen christlichen Theologen verstanden die Aussage in der Johannes-Apokalypse über die bevorstehende Herrschaft Christi auf Erden durchweg wörtlich. Nur wenige, darunter Origenes, wandten

23. *Weltgericht,* Schedelsche Weltchronik, 1493

sich dagegen. Die anderen rechneten mit einer geradezu kosmischen Erneuerung der Erde, die den von den Toten auferstandenen Märtyrern unter der gerechten und barmherzigen Herrschaft Christi in einer von Früchten und reichen Ernten überquellenden Natur tausend Jahre lang ein wahrhaft paradiesisches Dasein gewähren würde. Der schon mehrfach zitierte Bischof Irenäus von Lyon (gestorben um 202) betonte ausdrücklich: *«Nichts darf man allegorisch deuten»*. Denn das neue Leben der Auserwählten im messianischen Reich müsse genau so real verstanden werden, wie es die Leiden ihrer Verfolgung durch die heidnischen Machthaber waren.

Erst Augustin (gestorben 432), der in einer Zeit lebte, in der das Christentum seinen Frieden mit der römischen Staatsgewalt gemacht hatte, brachte gegen Ende seines Lebens eine andere Auffassung zu allgemeiner Geltung. Er gestand ein, daß er selbst die Aussage der Apokalypse ursprünglich noch wortwörtlich verstanden hatte, gab ihr aber dann in seinem großen Werk über den «Gottesstaat» eine neue Interpretation. Die Rede von der tausendjährigen Fesselung des Drachens in der Apokalypse bedeute nämlich nichts anderes als eine Beschränkung der Macht Satans, was diesen daran hindere, die Völker, die jetzt die Kirche Christi bilden, in die Irre zu führen. Mit der «ersten Auferstehung», von der Johannes spricht, wäre die Taufe gemeint, in der die Seelen der Gläubigen eine geistige Auferweckung erfahren. Das tausendjährige Reich sei deshalb identisch mit der Kirche, in der die Gläubigen mit Christus herrschen, wobei die Zeitangabe nicht wörtlich gemeint war, sondern symbolisch, nämlich als eine vollkommene Zahl, welche die spirituelle Fülle dieser Zeitspanne zum Ausdruck bringen sollte.

Die «Schwarmgeister»

Augustins Lehre, welche die apokalyptische Erwartung allein auf die endgültige Wiederkunft Christi beim Jüngsten Gericht ausrichtete und die Glückseligkeit der Frommen und Gerechten ganz in die jenseitige Welt verlegte, blieb von nun an die offizielle Lehre der Kirche. Die Erwartung einer tausendjährigen Zeit des Glücks schon hier auf Erden geriet in Vergessenheit und erschien nur von Zeit zu Zeit in fieberhaften Ausbrüchen an der Oberfläche. Man spricht in diesen Fällen von «Chiliasmus» oder «Millenarismus» (aus gr. *chilia* bzw. lat. *mille* für tausend), wobei sich der Ausdruck auf die erwartete Dauer der Zeit des Glücks bezieht. Er hat somit wenig oder gar nichts zu tun mit den angeblichen Ängsten vor dem «Millenium», d. h. den Jahreszahlen 1000 oder 2000 des Kalenders, die in der Berechnung des Weltendes kaum jemals eine besondere Rolle spielten.

Schon Bischof Gregor von Tours berichtet um das Jahr 590 von einer Volksbewegung, die sich unter Berufung auf das nahende Gottesreich zu einem Aufstand gegen die etablierte Ordnung entwickelte. Um 1100 trat ein gewisser Tanchelm hervor, der sich im Gebiet von Antwerpen, das von Bauernunruhen erschüttert wurde, zum «Engel des Herrn» proklamierte und gegen die unwürdigen Priester, die kostspieligen kirchlichen Bauten und den der Kirche geschuldeten Zehnten wetterte. Er umgab sich mit zwölf Jüngern, kleidete sich in ein goldenes Gewand und trug auf dem Kopf ein Diadem. Ähnlich sammelte ein Bretone namens Eudes um die Mitte des 12. Jahrhunderts im Westen Frankreichs große Scharen um sich, die Kirchengüter plündernd umherzogen. Er bezeichnete sich als Heiland der letzten Tage und als Sohn Gottes, «der kommen wird, um die Lebenden und Toten durch Feuer zu richten». Auch er predigte die baldige Wiederkehr Christi, trug prächtige Kleider und veranstaltete große Festmähler und Tänze als Zeichen des nahenden Himmelreiches.

Im 15. Jahrhundert zeigte sich innerhalb der Taboriten, des radikalen Flügels der hussitischen Bewegung, ebenfalls eine chiliastische Strömung. Sie erwartete auf einem Berg in Böhmen, der dann Tabor genannt wurde, die leibliche Wiederkunft Christi. Dort werde er mit den Auserwählten, die tausend Jahre lang nicht mehr sterben und deren Frauen ohne Schmerzen gebären würden, ein großes Hochzeitsfest feiern. 1476 verbreitete ein junger Schäfer, Hans Böhm, genannt der Pfeifer von Niklashausen, im Bistum Würzburg unter ungeheurem Zulauf der Bevölkerung ähnliche Lehren. Er berief sich auf eine Marienoffenbarung, nach der von seinem am Unterlauf der Tauber gelegenen Dorf als dem «neuen Jerusalem» die Erlösung der ganzen Menschheit ausgehen werde, und weissagte eine egalitäre Gesellschaft von Brüdern, ohne Besitzunterschiede zwischen Adel und Bauern.

Den Anhängern dieser Bewegungen wurden immer wieder Abweichungen von den geltenden sexuellen Normen nachgesagt. Man behauptete, daß sie die Ehe verwarfen und einer schrankenlosen Promiskuität das Wort redeten. Man nannte sie auch «Adamiten», weil sie, unter Berufung auf den ursprünglichen Zustand der Stammeltern, ihre Versammlungen in paradiesischer Nacktheit abhielten, was angeblich stets in Orgien endete. Von wieder anderen Strömungen sagte man, daß sie den Coitus reservatus, d. h. den Geschlechtsverkehr ohne Orgasmus, empfahlen, um auf diese Weise die sublime Erotik Adams und Evas vor dem Sündenfall nachzuahmen. Die Nachrichten über all diese Lehren sind allerdings eher unsicher, da sie meist von Klerikern der Amtskirche zusammengestellt wurden.

Das gilt auch für den tatsächlichen Gehalt an spezifisch chiliastischen Erwartungen bei den Wiedertäufern, einer religiösen Erwekkungsbewegung mit teilweise sozialrevolutionärer Komponente, die sich zur Zeit der Bauernkriege (um 1525) in Deutschland und den Niederlanden ausbreitete. Diese «Schwarmgeister», wie Luther sie nannte, waren von der Nähe des Endgerichts überzeugt und predigten, daß die Aufnahme in den Kreis der Erwählten nur durch die Rückkehr zur Reinheit und Einfachheit der urchristlichen Anfänge, mit Gütergemeinschaft und brüderlicher Gleichheit, gewährleistet sei. Auch wenn manche unter ihnen, wie etwa Thomas Müntzer, die bestehende, «unchristliche» Gesellschaftsordnung mit Gewalt beseitigen wollten, um das Hereinbrechen der Herrschaft Christi auf Erden zu beschleunigen, so rechneten doch nur kleinere Gruppen mit einem irdischen Gottesreich, das dem Jüngsten Tag vorausgeht.

Dazu gehörten jene Wiedertäufer, die in der westfälischen Stadt Münster 1534/1535 das «Königreich Zion» ausriefen, wie sich aus den noch erhaltenen Schriften des dabei maßgeblichen Theologen Bernhard Rothmann klar ergibt. Der Niederländer Jan van Leyden ließ sich als «Sohn Davids» zum König des ganzen Erdkreises krönen, umgab sich mit einem prächtigen Hofstaat und suchte die Bevölkerung mit Tänzen und geistlichen Theaterstücken bei Laune zu halten. Er führte auch, unter Berufung auf das Vorbild der biblischen Patriarchen, die Polygamie wieder ein, um die Zahl der Erwählten möglichst schnell zu vermehren. Durch seine charismatische Ausstrahlung brachte er seine Anhänger dazu, 16 Monate lang der Belagerung durch ein von katholischen wie protestantischen Fürsten gesandtes Heer zu widerstehen. Sein Leichnam wurde mit denen von zwei anderen Anführern, Knipperdolling und Krechting, am Westturm der Lambertikirche in drei Käfigen aufgehängt, die dort noch heute zu sehen sind.

Auch im Judentum machten sich das ganze Mittelalter hindurch immer wieder Strömungen bemerkbar, welche die baldige Ankunft des Messias und ein von ihm errichtetes Reich des Friedens und der Freiheit propagierten – Erwartungen, die sogar in unserer Zeit in den ultra-orthodoxen Zirkeln New Yorks oder Jerusalems Anhänger finden. Im Christentum ist die Hoffnung auf das tausendjährige Reich Christi in einigen Randgruppen lebendig geblieben, z. B. bei den Adventisten, den Zeugen Jehovas und in der Katholisch Apostolischen bzw. Neuapostolischen Kirche.

Die Mormonen, die sich selbst als «Kirche Jesu Christi der Heiligen der letzten Tage» bezeichnen, glauben ebenfalls an ein tausendjähriges Reich, das Christus bei seiner Wiederkehr für die dann auferstehenden Gerechten errichten wird. In ihm erhält die Erde eine neue Gestalt, die Kontinente verbinden sich zu einer einzigen Landmasse, und es entsteht ein Paradies mit einem angenehmen Klima. Menschen werden geboren und sterben, aber ohne Krankheit und Schmerz. Alle leben in Eintracht und Frieden, die Landwirtschaft bringt reiche Ernten, und der Ausbau der Industrie und des Bildungswesens sichert das allgemeine Wohlergehen, so daß es allen Menschen möglich wird, den höchsten Grad spiritueller Vollkommenheit zu erlangen. Erst darauf folgt dann, nach einer Zeit der Drangsale, in der Satan die Gerechten noch einmal versuchen darf, das abschließende Weltgericht mit der Auferstehung aller Menschen, die jemals gelebt haben.

Die «Neue Welt» in Amerika

Erwähnenswert in diesem Zusammenhang sind auch die Einflüsse der Bibel, insbesondere ihrer apokalyptischen Texte, auf das Lebensgefühl der heutigen US-Amerikaner. Man darf nicht vergessen, daß die ersten Einwanderer aus einem durch politische und religiöse Konflikte aufgewühlten Land kamen, in dem das wortwörtliche – heute würde man sagen: fundamentalistische – Verständnis der biblischen Texte eine Selbstverständlichkeit war.

Den britischen Kolonisten im Nordamerika des 17. Jahrhunderts galt das Gebiet der späteren Staaten Virginia, Maryland oder Georgia als ein Paradies auf Erden, in dem sich «Spuren der ursprünglichen Unschuld erhalten haben». Sie hielten die Indianer entweder für die letzten noch nicht bekehrten Heiden oder für Nachkommen der zehn Stämme Israels, die nach dem Bericht der Bibel im 8. Jahrhundert v. Chr. von den Assyrern nach Osten deportiert wurden (2 Kön 17,6), von wo sie dann auf geheimnisvolle Weise nach Amerika gelangten. In

24. Jasper F. Cropsey, *Das Tausendjährige Reich*, 1854. Im Bild dieses amerikanischen Malers deuten sowohl das Kind, das mit dem Löwen spielt, als auch die Hirten und die Schafherde in einer friedlichen Landschaft auf die Erwartung paradiesische Zustände hin

beiden Fällen würden mit ihrer Bekehrung, so folgerte man, die letzten Zeiten hereinbrechen.

Viele unter den puritanischen Einwanderern in Neuengland waren von chiliastischen Hoffnungen erfüllt und glaubten, mit ihrer Ansiedlung beginne eine neue Ära der Geschichte, woran noch die vielen Ortsnamen aus der biblischen Geographie erinnern, wie Salem, Sharon, Hebron oder New Canaan. Sie verstanden sich als das «neue Israel» oder als eine neue «Urkirche» und sahen sich als die «Vorhut der Armee Christi», dessen tausendjährige Herrschaft unmittelbar bevorstehe. Jonathan Edwards, dessen Predigt in den Jahren 1740–1744 in ganz Nordamerika die sogenannte Große Erweckung mit ihrer Forderung nach persönlicher Glaubenserfahrung auslöste, war überzeugt, dieses Ereignis sei das in der Heiligen Schrift angekündigte Wirken Gottes, um Welt und Menschheit zu erneuern. Er meinte, Amerika sei gerade deshalb jetzt entdeckt worden, damit Gott dort in einer Neuschöpfung des Himmels und der Erde eine neue geistliche Welt beginnen lassen könne.

Zwar setzte sich die religiöse Erneuerungsbewegung jener Jahre nicht wirklich durch. Man hält sie heute jedoch mitursächlich für das damals entstehende amerikanische Nationalgefühl, das sich in der Folge als «patriotisch-ziviler Millenarismus» herausbildete. In einer teilweise säkularisierten Religiosität verband sich das Streben nach dem Reich Gottes mit dem Einsatz für Freiheit und Demokratie, der auch den Kampf gegen alles Böse in der Welt verlangt, das die Rechte der Menschen und ihr «Streben nach Glück» (*pursuit of happiness*) bedroht.

Schon 1759/60 stellte ein englischer Pfarrer, der die damals noch britischen Kolonien bereiste, zu seiner Verwunderung fest: *«Eine ebenso seltsame wie phantastische Idee hat die Köpfe aller dortigen Einwohner erfaßt, daß nämlich das Imperium* [d.h. die Inhaberschaft der globalen Ordnungsgewalt] *dabei sei, von Osten nach Westen zu wandern. Ein jeder lebt in der angespannten und ungeduldigen Erwartung auf den schicksalhaften Augenblick, an dem Amerika dem Rest der Welt sein Gesetz auferlegen wird»* – eine Idee, die dort offenbar lebendiger ist denn je, wie die gegenwärtigen Diskussionen um die imperiale Mission der USA bei der Gestaltung einer friedlichen Welt zeigen.

Das Dritte Reich des Geistes und der moderne Fortschrittsoptimismus

Mit dem Schwinden der religiösen Überzeugungen in neuerer Zeit fand die Sehnsucht nach einem radikalen Wandel der politischen, gesellschaftlichen und wirtschaftlichen Verhältnisse neue Ausdrucksformen. Sie äußerte sich jetzt in vielerlei Ideologien, die der Menschheit durch die Fortschritte in Wissenschaft und Technik oder auch durch einen revolutionären Umsturz eine herrliche Zukunft in Aussicht stellten. Als Ausgangspunkt dieser Entwicklung gilt heute ein theologisches Gedankengebäude, das eigentlich noch ins Mittelalter gehört, aber für die Neuzeit bedeutsam wurde, da sie der Menschheit eine geistige Entwicklung unerhörten Ausmaßes voraussagte. Es ist die Geschichtstheologie des Joachim von Floris oder de Fiore, gestorben 1202 als Abt des Klosters Giovanni de Fiore in Kalabrien.

Nach Joachims kühner Interpretation, die er in seinem Kommentar zur Apokalypse des Johannes dargelegt hat, spielen die Personen der göttlichen Dreifaltigkeit in der Heilsgeschichte eine jeweils besondere Rolle. Das Zeitalter des Vaters – Altes Testament und jüdische Synagoge – ist bestimmt vom Gehorsam unter das mosaische Gesetz, das Zeitalter des Sohnes – Neues Testament und christliche Klerikerkirche – erlaubt eine kindliche Abhängigkeit von der Gnade, während sich das noch bevorstehende Zeitalter des Heiligen Geistes – getragen vom Mönchtum – durch Freiheit und Erkenntnisfülle auszeichne. Allerdings erwartete Joachim kein tausendjähriges Schlaraffenland, sondern eine Zeit, in der alle Menschen ein vollkommenes Leben nach Art der Mönche führen würden. Durch freiwillige Armut und innere Loslösung von der Welt würden sie dadurch, meinte Joachim, zur Kontemplation der göttlichen Wahrheiten befähigt, so daß ihnen die erleuchtende Gegenwart des Heiligen Geistes bisher ungeahnte Kenntnisse vermitteln könne.

Dieses Geschichtsverständnis unterschied sich durch die überraschend optimistische Sicht auf die Zukunft der Menschheit ebenso von der antiken Vorstellung einer Verschlechterung der menschlichen Lebensbedingungen vom Goldenen zum Eisernen Zeitalter wie von der im Christentum gängigen Auffassung, wonach die Welt mit dem Nahen der Endzeit immer größeren Katastrophen entgegengehe. Zwar hatte Joachim lediglich den geistlich-religiösen Fortschritt ins Auge gefaßt. Doch tauchte – mit oder ohne Bezugnahme auf ihn – in den geschichtsphilosophischen Systemen der Neuzeit immer wieder das Modell eines Dreischritts auf, der bei der Aufwärtsentwicklung des Menschengeschlechtes zu beobachten sei. Am bekanntesten wurde das von Auguste Comte (1798-1857) propagierte «Gesetz der drei Stadien». Danach sei die Menschheit von einer «theologischen» über eine «metaphysische» zu jener «positiven» Welterklärung vorangeschritten, die durch die Beschränkung auf die «wissenschaftlich» gesicherte Erfahrung für den Aufschwung von Naturwissenschaften und Technik im 19. und 20. Jahrhundert bestimmend geworden ist.

Jean Delumeau gibt im zweiten Band seiner *Geschichte des Paradieses* auf über 200 Seiten einen Überblick über die Entfaltung der Fortschrittsidee in der Geistesgeschichte der Neuzeit. Es würde den Rahmen dieser Studie sprengen, auf alle dort genannten Autoren näher einzugehen. Deshalb seien hier nur einige besonders typische Beispiele herausgegriffen, die deutlich machen, in welchem heute kaum noch glaubhaften Ausmaß man überzeugt war, daß die Errungenschaften von Wissenschaften und Technik einen völligen Umschwung in den materiellen und geistigen Lebensbedingungen der Menschheit herbeiführen würden.

Der Marquis de Condorcet (1743–1794), berühmt als Mathematiker und in der Revolution zeitweise Präsident der französischen Nationalversammlung, erwartete nicht nur, daß der ständige Abbau der gesellschaftlichen Vorurteile zu innerem und äußerem Frieden führen werde. Er rechnete auch mit solchen Fortschritten in der Medizin, daß das Leben, wenn auch nicht unbegrenzt, so doch fast endlos verlängert werden könne. Ein anderer Vertreter dieser Geistesrichtung war der Engländer Joseph Priestley (1733–1804), ursprünglich calvinistischer Theologe, der als Entdecker chemischer Elemente und Verbindungen (Sauerstoff, Ammoniak u.a.) zu einem der großen Naturwissenschaftler seiner Zeit wurde. Er begrüßte die Französische Revolution begeistert als einen für die menschliche Geschichte entscheidenden Sprung nach vorne und baute auf die Möglichkeiten der Wissenschaft, allgemeinen Wohlstand, längeres Leben und ein größeres zwischenmenschliches Verständnis herbeizuführen. So dürfe die Menschheit auf eine jetzt noch gar nicht vorstellbare paradiesische Zukunft hoffen.

Der Religionswissenschaftler Ernest Renan (1823–1892), berühmt durch sein *Leben Jesu*, spricht sogar ausdrücklich von der Erwartung, daß sich durch die Erfolge der Naturwissenschaften die chiliastischen

Hoffnungen der frühen Christen erfüllen würden: «*Es kann sein, daß die Menschheit eines Tages ein solches Niveau der intellektuellen Vollkommenheit erreicht, daß alle an den Erkenntnissen der Vergangenheit teilhaben und von da aus in einer allgemeinen Anstrengung in die Zukunft aufbrechen ... in einem gemeinsamen und freien Streben, wie bei den Erwählten im Himmel ... Dann wird die Wissenschaft, die jetzt nur von einer obskuren und in der Menge verlorenen Minderheit gepflegt wird, von Millionen Menschen betrieben werden, die gemeinsam nach der Lösung für die anstehenden Probleme suchen ... Die ersten Christen erwarteten täglich das Herabsteigen des himmlischen Jerusalems und die Wiederkehr Christi zu seiner Herrschaft. Das waren Narren, nicht wahr? Ach, die Hoffnung trügt nie, und ich bin überzeugt, daß alle Erwartungen des Glaubenden erfüllt und übertroffen werden ...*»

Noch ein fernes Echo der joachimitischen Dreiteilung des Geschichtsverlaufs war die Rede vom «Dritten Reich» im Nationalsozialismus, der tatsächlich durch seine fanatisch-schwärmerischen Züge an manche der früheren messianischen Erweckungsbewegungen erinnert. Er errichtete allerdings, im Gegensatz zu den meist humanitären Tendenzen der in der Nachfolge Joachims stehenden Fortschrittsphilosophien, ein freiheits- und geistfeindliches Herrschaftssystem. Die Bezeichnung ging auf ein Buch aus dem Jahre 1923 mit dem Titel *Das Dritte Reich* zurück, in dem ein heute längst vergessener Autor, Arthur Moeller van den Bruck, eine konservative Revolution gegen die in seinen Augen zersetzenden Ideen des Liberalismus propagierte.

Das «Paradies der Werktätigen»

Während die Ideologen des Fortschritts, zu denen auch die meisten unter den frühen Sozialisten des 19. Jahrhunderts gehörten, eine stetige, aufwärts gerichtete Entwicklung der Menschheit erwarteten, konnten sich Karl Marx und seine Nachfolger den endgültigen Durchbruch zu Glück und Wohlstand nicht ohne den vorausgehenden blutigen und schmerzhaften Umsturz alles Bestehenden vorstellen. Es liegt nahe, dabei an die alttestamentlichen Propheten zu denken, die den «Tag des Herrn» als ein für die Gottesfeinde schreckliches Geschehen weissagten, oder an die Offenbarung des Johannes, welche die tausendjährige Herrschaft Christi erst nach einem gewaltigen Kampf gegen Satan hereinbrechen läßt. Diese biblischen Anklänge zeigen sich deutlicher bei

Moses Heß (1812–1875), zeitweise ein Mitstreiter von Marx. In seinem Buch *Die heilige Geschichte der Menschheit* (1837) beschreibt er den Übergang vom Liberalismus zur kommunistischen Gesellschaft, die in Gütergemeinschaft ohne Privateigentum und Erbrecht leben wird, als die Erfüllung der biblischen Hoffnungen auf das «Reich Gottes» und das «neue Jerusalem».

Marx weigerte sich allerdings konstant, die neuen Lebensumstände, die nach dem großen Umschwung durch die Revolution eintreten würden, genauer zu beschreiben. Einer der seltenen Hinweise auf ein «paradiesisches» Dasein, zumindest in bezug auf das Verhältnis zur Arbeit, die nicht mehr Fluch und Entfremdung sein wird, findet sich im Kommunistischen Manifest von 1848: *«In der kommunistischen Gesellschaft, wo jeder nicht einen ausschließlichen Kreis der Tätigkeit hat, sondern sich in jedem beliebigen Zweig ausbilden kann, die Gesellschaft die allgemeine Produktion regelt und mir eben dadurch möglich macht, heute dies, morgen jenes zu tun, morgens zu jagen, nachmittags zu fischen, abends Viehzucht zu treiben, nach dem Essen zu kritisieren, wie ich gerade Lust habe, ohne je Jäger, Fischer, Hirt oder Kritiker zu werden.»*

Als Kuriosität sei angemerkt, daß auch der Marxismus in sein System eine Art von «Zwischenzustand» einbauen mußte, der vor der endgültigen «Heilszeit» der klassenlosen Gesellschaft lag. Denn als sich nach dem Ersten Weltkrieg die Hoffnung auf die große, allumfassende Revolution nicht erfüllte, die Kommunisten jedoch in Rußland gesiegt hatten, ergab sich die Notwendigkeit eines «Aufbaus des Sozialismus in einem Lande» als Basis für die noch ausstehende Weltrevolution. Die Sowjetunion versuchte zwar in typischer Fortschrittsgläubigkeit mit den Mitteln der Technik und Industrialisierung ihr Wirtschaftspotential zu erhöhen. Es gelang ihr jedoch nicht, Wohlstand für alle ihre Einwohner zu schaffen – schon gar nicht jenes «Paradies der Werktätigen», von dem ihre Propaganda so gerne sprach.

Die künstlichen Paradiese der Drogen

Zum Abschluß sei noch ein Wort über die «künstlichen Paradiese» gesagt, zu denen die Drogen als Zugangsmittel dienen. Sie lassen sich hinsichtlich ihrer Wirkungen auf die Psyche in drei Gruppen einteilen: Alkohol und Opiate sind dämpfende Substanzen, Kokain gehört zusammen mit Koffein und Nikotin zu den Stimulantien, welche die Aktivität des Zentralnervensystems anstacheln. Das Haschisch hingegen, ein Harz, das aus den weiblichen Blüten des indischen Hanfes (cannabis indica) gewonnen und mit Gummi oder Zucker zu einer festen Masse geformt wird, ruft Halluzinationen hervor. Es wird in Pfeifen oder mit Tabak vermischt in Zigaretten geraucht und ruft durch seinen Bestand an Tetrahydrocannabinol (THC) über das Großhirn einen angenehmen Rauschzustand mit Licht- und Farbvisionen und dem Verlust des Zeitgefühls hervor.

Opium und Haschisch waren schon im Altertum bekannt, fanden aber offenbar nur in der Heilkunde gelegentlich Verwendung. Im Mittelalter wußte man zwar vom Rauschgiftgenuß in den Ländern des Orients, machte jedoch, wie es scheint, selbst keinen Gebrauch davon. Aufsehen erregte damals jedoch die vom orthodoxen Islam als häretisch angesehene Sekte der Assassinen durch ihre unter Drogeneinfluß stehenden Selbstmordattentäter, denen im 11. und 12. Jahrhundert eine Reihe mißliebiger islamischer Würdenträger und Herrscher sowie auch zwei Kreuzritterfürsten zum Opfer fielen. Man erzählte, ihr Oberhaupt, der «Alte vom Berge», habe in einem Schloß im persischen Gebirge paradiesische Gärten angelegt, mit Bächen von Milch und Honig und Wein und voll schöner Jungfrauen. Dorthin habe er dann junge Männer bringen lassen, die zuvor mit Opium oder Haschisch betäubt worden waren, so daß sie sich, als sie in den Gärten erwachten, in jenem Paradies glaubten, das im Koran beschrieben ist. Nach einigen Tagen, in denen sie dort die Freuden der Tafel und der Liebe voll auskosten durften, seien sie dann, wiederum durch ein Schlafmittel betäubt, weggebracht worden und in tiefe Traurigkeit verfallen, weil sie nicht mehr im Paradies waren. Nun sei es für den Alten vom Berge ein Leichtes gewesen, den jungen Männern die gefährlichsten Mordaufträge zu geben, da sie nichts sehnlicher wünschten, als durch den Tod für die Sache des Islam ins Paradies zu gelangen. Es besteht kein Zweifel darüber, daß es die Assassinen als terroristischen Geheimbund tatsächlich gegeben hat. Die phantastischen Details über ihre Rekrutierung kamen durch die Kreuzzüge nach Europa; auch Marco Polo erzählt ähnliches von ihnen in seinem Reisebericht. Ihr Name, arab. *haschischin*, was vielleicht «Haschisch-Raucher» meint, ging als das Wort *assassin* für Mörder, insbesondere Meuchelmörder, sogar in die französische und englische Sprache ein.

Durch die vermehrten Kontakte mit Asien verbreitete sich seit dem

18. Jahrhundert der Genuß von Rauschgiften auch immer mehr in Europa, bis ihr Konsum um die Mitte des 20. Jahrhunderts zu einer Massenerscheinung wurde. 1821/1822 veröffentlichte der Schriftsteller Thomas de Quincey seine autobiographischen *Confessions of an English Opium-Eater* (Bekenntnisse eines englischen Opiumessers), in denen er als erster die bei seinem Opiumgenuß aufgetretenen psychischen und körperlichen Phänomene ebenso genau schilderte wie die qualvollen Entzugserscheinungen, die eintraten, als ihm schließlich die Abkehr vom Rauschgift gelang. Um die Mitte des 19. Jahrhunderts brachte dann ein französischer Arzt von einer Algerienreise zu therapeutischen Zwecken einen haschischhaltigen Stoff nach Paris und machte damit den Genuß von Haschisch unter den dortigen Künstlern und Dichtern zur Mode. Sie trafen sich im «Club des Hachichins», zu dem neben vielen anderen auch Charles Baudelaire gehörte, der in seinem 1860 erschienenen Essay *«Les Paradis artificiels»* die Wirkungen der Rauschgifte Opium und Haschisch ausführlich beschrieb. Beim Haschischrausch unterschied er drei Stadien: Zunächst entsteht eine große Heiterkeit und Steigerung der Assoziationsfähigkeit, auf die dann Halluzinationen folgen, die vom Temperament und der Gedankenwelt des Konsumenten bestimmt sind, bis dieser im dritten Stadium von einem Gefühl der Seligkeit überwältigt wird, das die Zeit und jeden seelischen und körperlichen Schmerz vergessen läßt. Baudelaire sah jedoch im Versuch, mit künstlichen Mitteln diese als paradiesisch empfundene Euphorie herbeizuführen, eine Evasion, die trotz gewisser Ähnlichkeiten mit der künstlerischen Inspiration keine schöpferischen Kräfte freisetzt und eher zu deren Schwächung führt.

Auch das synthetisch herstellbare LSD (Lysergsäure), das 1943 von dem Schweizer Chemiker Albert Hofmann zufällig entdeckt wurde, kann wie das Haschisch «psychedelische» (von gr. *delosis* = Offenbarung) Halluzinationen und Bewußtseinserweiterungen bewirken, die den durch Meditation erreichbaren mystischen Erfahrungen ähnlich sind. Bekanntlich haben manche Psychoanalytiker und die Schriftsteller Aldous Huxley und Ernst Jünger damit experimentiert. Für die Bewertung dürften die schon von Baudelaire geäußerten Reserven gegenüber der Künstlichkeit solcher Mittel gelten, abgesehen davon, daß sich nicht selten anstelle der erhofften Hochstimmung auch «Horror Trips» einstellen, die statt in ein Paradies in die Hölle führen.

Epilog

Der Streifzug durch die einstigen und künftigen Paradiese hat den Leser durch eine reiche Bilder- und Symbolwelt von großer Anziehungskraft geführt, ihn aber immer wieder auch mit Skurrilitäten konfrontiert, die er vielleicht belächelt hat. Selbst wer in den Vorstellungen der Mythen und Religionen von einem vergangenen oder noch bevorstehenden Dasein ohne Leiden und Schmerzen nichts als eine zwar verständliche, letzten Endes aber doch illusionäre Projektion menschlicher Sehnsüchte sieht, wird den erstaunlichen Aufwand an Geist und Phantasie bewundert haben, der sie hervorbrachte.

Nur ein ernsthaftes und drängendes Anliegen konnte so viele Philosophen und Theologen, und nicht zuletzt auch Dichter und Künstler, immer wieder zu Spekulationen darüber herausfordern, was der Mensch ursprünglich war und was er nach dem Ende seiner irdischen Existenz sein wird. Offensichtlich ging es dabei um nichts weniger als um den Sinn und das Ziel des menschlichen Daseins. Angesichts der Erfahrung eines oft leidvollen Lebens und der Gewißheit des Todes mußte sich der Mensch unweigerlich die Frage stellen, ob seine Sehnsucht nach Glück irgendwann einmal ihre Erfüllung finden könne.

Auch wer in der Hoffnung lebt, daß die Unrast des Menschen dereinst gestillt wird, muß sich mit der Begrenztheit der menschlichen Vorstellungskraft abfinden. Sie kann über Orte oder Zustände vollkommenen Glücks nur in Bildern aus der bekannten gegenwärtigen Welt reden, die gegebenenfalls von allem befreit wird, was als Einschränkung und Übel erscheint. Daß dabei jede Aussage zwangsläufig in der Bilderwelt der jeweiligen Kultur verhaftet bleibt, zeigte sich deutlich in der Verschiedenartigkeit der Vorstellungen vom Goldenen Zeitalter und dem üppig bewässerten Garten Eden, von den ewigen Jagdgründen der Indianer und den Inseln der Seligen oder von Mohammeds Paradies und den verschiedenen Abteilungen im christlichen Himmel.

Es ist aber sicher kein Zufall, daß das Paradies (zu deutsch: der Garten) in den Träumen der Menschen von einer glücklichen Vergangenheit oder einer glücklichen Zukunft seine bedeutsame Rolle als Bild

25. *Frauen bei der Gartenarbeit,* Titelbild zu Vadians Ausgabe des Hortus von Walahfrid Strabo, 1512

oder Metapher bis heute behalten hat. Anders als der Ackerbau, der meist mit Mühe und Schweiß assoziiert wird, erweckt ein Fleck Erde, der in einen blühenden Garten verwandelt wurde, Gefühle des Glücks. Denn im Garten ahnt der Mensch mehr als in jeder natürlichen Landschaft, daß Pflanzen und Bäume, Steine und Wasserläufe nicht nur auf vielfältige Weise zweckdienlich und nützlich sind, sondern zu einer Welt gehören, die durch ihre Schönheit über sich hinausweist. Sehr treffend brachte dies ein chinesischer Dichter zum Ausdruck: *«Welches Vergnügen, in einem Garten zu spazieren! Ich mache einen Rundgang im Unendlichen»*, oder schon im frühen Mittelalter, mit etwas anderen Worten, der Sankt Gallener Mönch Notker Labeo (gestorben 1022) in einem Lobpreis auf die Gärten: *«In ihrer Lieblichkeit offenbart sich das Göttliche»*.

Die Abkürzungen der biblischen Bücher und außerbiblischen Schriften

(Die außerbiblischen Schriften sind mit einem * gekennzeichnet)

	Apg	Apostelgeschichte
*	äthHen	Äthiopisches Henochbuch
	Dan	Buch Daniel
	Dtn	Buch Deuteronomium (5. Buch Mose)
	Eph	Epheserbrief
*	4 Esdr	4. Buch Esdras/Esra
	Ex	Buch Exodus (2. Buch Mose)
	Ez	Buch Ezechiel
	Gen	Buch Genesis (1. Buch Mose)
*	griechBar	Griechische Baruchapokalypse
	Hebr	Hebräerbrief
	Hld	Hoheslied
	Jes	Buch Jesaja
	Joh	Johannesevangelium
*	Jub	Buch der Jubiläen
	Koh	Buch Kohelet/Prediger
	Kor	Korintherbriefe
	Lk	Lukasevangelium
	Makk	Makkabäerbücher
*	4 Makk	4. Buch der Makkabäer
	Mk	Markusevangelium
	Mt	Matthäusevangelium
	Num	Buch Numeri (4. Buch Mose)
	Offb	Offenbarung des Johannes
	Petr	Petrusbriefe
	Ps	Buch der Psalmen
	Röm	Römerbrief
	Sam	Bücher Samuel
*	slavHen	Slawisches Henochbuch
*	syrBar	Syrische Baruchapokalypse
*	vita	Leben Adams und Evas

Bibliographie

Quellen

Stuttgarter Erklärungsbibel. Die Heilige Schrift nach der Übersetzung Martin Luthers mit Einführungen und Erklärungen, 2. Aufl., Stuttgart 1992

Neue Jerusalemer Bibel. Einheitsübersetzung mit dem Kommentar der Jerusalemer Bibel. Freiburg/Br. 1985

Der Koran. Aus dem Arabischen übersetzt von Max Henning. Einleitung und Anmerkungen von Annemarie Schimmel. Stuttgart 1991

Paul Riessler: Altjüdisches Schrifttum außerhalb der Bibel. 4. Aufl. Heidelberg 1979

E. Hennecke-Schneemelcher (Hg.), Neutestamentliche Apokryphen in deutscher Übersetzung. 2 Bde., 3. Aufl. 1964

Ausgewählte Einzeldarstellungen

Arnold Angenendt: Geschichte der Religiosität im Mittelalter. 2. Aufl. Darmstadt 2000

Jan Assmann: Tod und Jenseits im Alten Ägypten. München 2001

Louise Bruit Zaidman, Pauline Schmitt Pantel: Die Religion der Griechen. Kult und Mythos. Aus dem Französischen von Andreas Wittenberg. München 1994

Walter Burkert: Antike Mysterien. Funktionen und Gehalt. 2. Aufl. München 1991

Walter Burkert: Die Griechen und der Orient. Von Homer bis zu den Magiern. München 2003

Jean Delumeau: Une Histoire du Paradis. Bd. 1: Le jardin des délices. Paris 1992. Bd. 2: Mille ans de Bonheur. Paris 1995. Bd. 3: Que reste-t-il du paradis? Paris 2000

Jean Delumeau: Le paradis. Paris 2001

Peter Dinzelbacher (Hg.): Mittelalterliche Visionsliteratur. Eine Anthologie. Darmstadt 1989

Richard van Dülmen (Hg.): Das Täuferreich zu Münster 1534–1435. München 1974

Marion Giebel: Das Geheimnis der Mysterien. Antike Kulte in Griechenland, Rom und Ägypten. Zürich/München 1990

Jacques Le Goff: La Naissance du Purgatoire. Paris 1981. Deutsch: Die Geburt des Fegfeuers. Übersetzt von Ariane Forkel. Stuttgart 1984

Reinhold R. Grimm: Paradisus coelestis – Paradisus terrestris. Zur Auslegungsgeschichte des Paradieses im Abendland bis um 1200. München 1997
Detlef Junker: Power and Mission. Was Amerika antreibt. Freiburg/Br. 2003
Hans Kloft: Mysterienkulte der Antike. Götter – Menschen – Rituale. München 1999
Heinrich Krauss, Max Küchler: Erzählungen der Bibel. Das Buch Genesis in literarischer Perspektive. Die biblische Urgeschichte. Göttingen 2003
Bernhard Lang, Colleen McDannell: Der Himmel. Eine Kulturgeschichte des ewigen Lebens. Frankfurt/Main 1996
Bernhard Lang: Himmel und Hölle. Jenseitsglaube von der Antike bis heute. München 2003
Bernard Lewis: Die Assassinen. Zur Tradition des religiösen Mordes im radikalen Islam. Frankfurt/Main 1989
Bernhard Maier: Die Religion der Germanen. Götter Mythen Weltbild. München 2003
Peter Cornelius Mayer-Tasch, Bernd Mayerhofer (Hgg.): Hinter Mauern ein Paradies. Der mittelalterliche Garten. Frankfurt/Main 1998
Sogyal Rinpoche: Das tibetische Buch vom Leben und Sterben. Bern-München-Wien [5]1993
Heinrich und Margarethe Schmidt: Die vergessene Bildersprache christlicher Kunst. München [2]1982
Josef Schreiner: Alttestamentlich-jüdische Apokalyptik. Eine Einführung. München 1969
Michael Stausberg: Die Religion Zarathustras. Geschichte – Gegenwart – Rituale. Band I, Stuttgart-Berlin-Köln 2002
Gabriele Uerscheln, Michaela Kalusok: Wörterbuch der europäischen Gartenkunst. Stuttgart 2003
Philipp Vielhauer: Geschichte der urchristlichen Literatur. Berlin-New York 1975
Geo Widengren: Die Religion Irans. Stuttgart 1965

Sach- und Personenregister

Bildnachweis

Bamberg, Staatsbibliothek 17
Berlin, Archiv für Kunst und Geschichte 18
Florenz, Archivio Scala 7
Hastings-on-Hudson, The Newton-Cropsey Foundation 24
London, British Museum 13
Marburg, Bildarchiv Foto Marburg 9, 15, 19
München, Bayerische Staatsgemäldesammlungen 1
Vorau, Chorherrenstift Umschlag
Weilheim, Artothek 4

Abbildungen wurden aus folgenden Publikationen entnommen:
Stefano Bianca, Hofhaus und Paradiesgarten, München 1991 21
Engelbert Kirschbaum (Hg.), Lexikon der christlichen Ikonographie, © Verlag Herder, Freiburg, 2001 8, 11, 12

Alle weiteren Aufnahmen stammen aus den Archiven des Autors und des Verlages